デザインとビジネス

創造性を仕事に活かすための

ブックガイド

岩嵜博論 武蔵野美術大学
クリエイティブイノベーション学科 教授

日本経済新聞出版

はじめに

■アメリカのデザインスクールでの衝撃

2010年から2011年にかけて、アメリカのデザインスクールに留学していた時に最も衝撃的だったのは、デザインや創造性といった一見曖昧に見えるものが形式知化され、方法論化されていたことです。

デザインスクールでは、あらゆる発想や創造のための方法論が、細部に至るまで再現可能な形式知になっていました。それらが、授業となり学生に教えられ、セミナーや書籍・論文の形で社会と共有されていたのです。

よく考えると、これはビジネススクールでは当たり前のことです。戦略論や組織論、マーケティング論といったビジネスの知が形式知化され、授業を通じて学生に教えられていきます。ビジネススクールを卒業した学生は、これらの方法論をビジネスの現場で活用しています。

改めて気がつくのは、デザインだからといって、一部の人に閉じた暗黙知的なものである必要はないということです。デザインスクールでは、デザインでビジネスや社会に貢献したいという想いを持つ学生に対して、平等にひらかれたものとしてデザインの方法論が共有されていました。

デザインスクールのプログラムを修了した学生は、それらの方法論を再現可能な形で使い、様々なビジネスの領域で活躍していきました。大学自体はシカゴにあったのですが、マクドナルドやモトローラといった中西部の大企業だけではなく、シリコンバレーのテック企業に就職する学生も出始めていました。

当時のテック企業はテクノロジーだけで価値をつくることに限界を感じ、デザインを始めとした創造的なアプローチで、次の成長ステップに踏み出そうとしていたのです。ちょうどGoogleがデザイナーを多く採用し、ブランドを刷新し、顧客体験を磨き上げていったタイミングとも重なります。

なぜデザインスクールを卒業した学生が、最先端のビジネスの現場で活躍できるのでしょうか?

長年にわたってデザインとビジネスの間を行き来する中で気がついたのは、デザインは、ビジネスが直面する先行きが不透明で複雑な状況に対応できる方法論であるということです。ビジネスを取り巻く環境が不確実になっている中、その状況に向き合い、新しい事業機会を見つけ、行動しながら実現していくデザインの方法論が注目されているのです。

一方、ビジネスの視点でデザインを見ると、姿かたちをつくるというこれまでの認識に留まっていて、その大きな可能性が、まだ組織的に取り入れられていないということも感じます。特に日本では、デザインといえば「意匠」という言葉に代表される造形的な活動と認識されることが多いのではないでしょうか。世界でデザインがビジネスに活用されている背景には、造形領域に留まらない拡張したデザインの姿があります。

この本は、私のデザインとビジネスのハイブリッドバックグラウンドを背景に、双方の立場を翻訳し、両者が融合する先に広がる創造的な仕事の可能性を示すものです。世界のビジネスがデザインの創造性を組織的に取り入れる中で、日本のビジネスにもこうした動きが広がって欲しいという想いのもと書き進めました。

この本では、デザインとビジネスの間をつなぐ30冊の書籍を紹介しながら、ビジネスにおけるデザインの可能性を構造的に紹介していきます。一見ブラックボックスにも見えるデザインの知を、より多くの方にとっての創造性の道具となるように紐解いていきます。

創造性がビジネスの未来を切り開く

近年、ビジネスの現場では新しいものごとを構想し、事業につなげていくという創造性が重要になっています。なぜビジネスに創造性が求められるようになってきているのでしょうか？それはこれまでのやることがある程度決まっている前例がある仕事に加えて、前例がなく何をやるのか自ら考えなければならない仕事が圧倒的に増えてきているからです。

ここにはいろいろな背景があります。その1つは、社会や市場が成熟化していることです。成長期にある社会では、家電製品がない、情報機器がないといった充足させなければいけないことが明確でした。ところが、市場が成熟化すると、充足すべきものは一通り普及し、人々のニーズや価値観が多様になっていきます。

何を提供すればそこにビジネスが成立するのか、従来通りの考え方ではわからないという状況が起こっています。このような状況では前例主義は通用しません。これまでになかったことを積極的に考え実行する創造力が求められているのです。

2つ目に挙げられるのは、社会がより複雑になってきているということです。ビジネスを取り巻く環境が複雑で不確実で先が見えないものになってきている中で、これまで通りの考え方では仕事がうまくいかないという場面が多く発生しています。

新型コロナウイルスによる感染症危機は、まさにこの社会の複雑さを明らかなものにしました。誰も起こると思っていなかった感染症の拡大、そしてその背後にある問題の複雑性。多くの社会的な取り組みやビジネスが混乱の中で試行錯誤を繰り返しながら危機を乗り越えていきました。

今後われわれの先には気候変動や、人口減少などの複雑な問題が待ち構えています。このような環境下において、創造性を発揮して新しいビジネスをつくっていくことが、これまで以上に求められてきているのです。

3つ目の背景は、働き方です。人々は働くことに、これまで以上に意義を期待するようになっています。ルーティーンの仕事を淡々とこなすよりも、自分の頭で考え、自分で行動し、そこに意味や意義が発生する仕事に、人々は魅力を見出すようになりました。

このような状況において、何のためにその仕事に取り組んでいるのかを自分で見出していくことが大切になります。誰かに言われた仕事ではなく、自ら意義を見出した仕事に取り組むことが幸せな働き方につながっているのです。創造性が、仕事の働きがいをつくるようになってきていると言えます。

■創造性を組織に定着させる

イノベーションや新規事業といった、これまでにない価値を新たにつくることがビジネスに求められている一方で、ビジネスにはこうした創造性によって価値をつくる方法論が、まだそれほど定着していません。企業は、こうした方法論が形式知になっていないため、一部の才能があるデザイナーやクリエイターに仕事を任せるといったことで、創造性やクリエイティビティを補おうとしています。

こうしたアプローチは、一定の成果を生み出しています。著名なデザイナーやクリエイターを起用することで、ブランドの価値を上げたり、新しい事業を生み出すケースもあります。一方、このアプローチは、継続的に創造的なアウトプットをしていくには、どこかで限界を迎えます。外部に依頼しなければならないことで、時間や費用がかかり、コミュニケーションのロスも発生します。こうした属人的なアプローチだけでは、企業の中に創造性を定着させることは難しいのです。

一方、グローバル企業では、創造性を組織の中に方法論として定着させることが、近年進んでいます。多くのメンバーが、創造的な方法論を再現可能な形で実行し、イノベーションや新規事業の領域で成果を上げています。

こうした組織では、従来からのビジネスの方法論だけではなく、デザインの方法論からヒントを得たツールとアプローチが採用されています。それらは、この本でこれから紹介していく、デザインに特有の行動やワークスタイル、組織文化といったものです。

これらは、20世紀のビジネスにはそれほど顕著に見られなかったものです。21世紀のビジネスでは、創造的な価値を生み出していくために、これまでとは異なる新しい方法論を、組織的に採用していく必要があります。

デザインは筋トレのようなもの

この本で繰り返し述べていきたいのは、創造性はトレーニングによって身につくということです。

これをわかりやすく説明するために、最近デザイン筋トレ論ということを言っています。デザインを始めとした創造的な力は、トレーニングによって鍛えることができる。そして、トレーニングにはやり方があるということです。

筋トレでも、この部分の筋肉を鍛えているのだと意識しないと、なかなか筋肉をつけることができません。創造性も同じで、鍛えている部分を意識することで、その力を効率よく身につけることができます。鍛える筋肉にはそれぞれの鍛え方があります。筋トレでも、例えば大胸筋を鍛えるためにベンチプレスをするといった具合に、鍛える筋肉には、それぞれの鍛え方があります。

デザインも同じです。デザインの方法論は様々な部分に細分化されています。それぞれの方法論ごとに身につけ方が異なります。この本では、デザインの方法論を大きく、デザインの行動、ワークスタイル、組織文化というパートに分け、関連する30の書籍を紹介しながら、そこで提唱されているコンセプトを紹介していきます。例えば、行動の方法論に観察というものがあります。観察力を鍛えるためには、街に出て人々の無意識の行動に目を向けることがトレーニングになります。

デザインを身につけることと、筋トレにもう1つ共通点があるのは、最初はなかなかうまくできないということです。筋トレでも最初は痛かったり、面倒に感じたり、時として長く続かないこともありますよね。デザインの方法論のトレーニングでも同じことが起こると思います。最初は慣れない方法なので、うまくできなかったり、自分には才能がないのではないかと思ってしまったりします。

筋トレから学べるのは、それでも継続した人には着実に筋肉がつくということです。多少の困難はありますが、創造性は決して才能がある一部の人のものではありません。老若男女どんな人でもトレーニングによって筋肉がつくように、どんな方でも今からトレーニングを始めれば創造性を身につけることができるのです。

再現性と組織力を発揮するチームをつくる

仕事やビジネスにおいて創造性を使うということはどういうことでしょうか？　読者の皆さんの中には、日常的に写真を撮ったり、動画編集をしたり、絵を描いたりして創造性を発揮されている方もいるかもしれません。

こうした趣味における創造性の使い方と仕事における創造性が大きく異なるのは、そこには再現性と組織性が必要だということです。

再現性とは、どんな場面においても同じようにその力を発揮できるということです。趣味であれば、調子がよかったり悪かったりすることも許容されるかもしれませんが、仕事ではどんな場面でも一定のアウトプットが生み出されることが期待されます。

組織力とは、どんな人やチームでも一定の力を発揮することができるということです。特定の人やチームに能力が偏るのではなく、同じ組織であれば同じように創造力を発揮することが期待されます。

再現性と組織力によって、恒常的に創造性を発揮できることは、ビジネスの大きな助けになります。これまで創造性は再現性とも組織力とも遠いものと思われていました。特定の才能がある人が属人的に発揮する能力だと考えられてきたからです。

デザイン筋トレ論でも述べましたが、創造性は筋トレのようにトレーニングによって身につけることができます。同じように、創造性を組織に再現性をもって定着させることができるのです。再現性と組織力を身につけた組織は強力です。強いスポーツチームのように、やり方を工夫することで、常に成果を挙げる創造力あるチームを目指すことができます。

この本の読み方

この本の目的は、ビジネスを始めとした一般的な組織や仕事の現場において、創造的に仕事をしていくためのガイドです。そのため、広い範囲のデザインの知をいろいろな角度から紹介していきます。

この本は、デザインの方法論を6つの章に分けて紹介していきます。それぞれの章ごとに、デザインのコンセプトの解説と、その章に関連する書籍を紹介するブックガイドで構成されています。

コンセプトの解説では、デザイン研究の中で議論されているデザインの方法論を、どのようにビジネスの文脈に活かすことができるかを意識しながら書きました。この本の目的の1つは、ばらばらに存在するデザインの知に新しい文脈を与え、ビジネスや社会において新しいことを構想し、実践していくための道標を提示することです。

ブックガイドでは、デザインとその周辺の書籍を30冊セレクトしました。デザイン研究を代表する書籍もありますし、知る人ぞ知るといった書籍もあります。ブックガイドは書籍の要約だけでなく、次の学びにつながるようなガイドとなることを意識しました。書籍のパートを読んでもっと知りたいと思ったらぜひ実際の書籍を手に取ってみてください。

なお、ブックガイドで紹介する書籍と、この『デザインとビジネス』の書籍を区別するために、本文中では、ブックガイドで紹介している書籍のことを指す時は「本書」、『デザインとビジネス』の書籍を指す時は「この本」という表記を採用しています。

この本は、最初から通して読んでいただいてもいいですが、部分的に読んでいただくこともできます。

コンセプト説明のパートを最初に読んで、デザインの知の全体像を掴むこともできますし、興味を持った書籍のパートから読むこともできます。1つのコンセプトの説明を読んで、それに関連する書籍のパートを読むのもよいでしょう。

コンセプト説明のパートだけ読んでも全体像が把握できるように、コンセプト説明のパートには、書籍のパートのコンテンツの一部が含まれています。また、この本全体に共通するトピックのいくつかが、章を横断して登場します。この本の中でも触れるセミラティス状に、主要なコンセプトやストーリーが上下左右にネットワーク状につながっている構成になっています。

デザインとは実践の知でもあります。これらからこの本で述べていくように、自分の頭で考え、試行錯誤をしながら実践をしていくという方法です。デザインの学びも同様です。人から一方的に教えてもらうのではなく、自ら自発的に学んでいくことが、創造性の獲得につながります。この本は、そんな能動的な学びの手助けとなればという思いで書きました。

■ 書籍の選定にあたって

書籍を選定するにあたって、気をつけたことがいくつかあります。1つはデザインの専門領域に留まらない広い範囲で本をセレクトすることです。デザインというのは、もともと領域横断的な学問です。デザイン学の関連領域として、工学や心理学、社会学、人類学、経営学などがあります。今回30冊をセレクトするにあたって、デザインの知の広がりを示すために、デザイン学の真ん中にある書籍から、その周囲の専門領域に広がる書籍まで、広範囲のセレクトを心がけました。

もう1つは、日本だけではなく世界で親しまれている関連書籍をセレクトすることです。この本の中でも述べていますが、世界ではデザインの概念がより広い範囲に拡張しています。こうした拡張された広義のデザインの議論は、英語を使って積極的に議論が行われています。中には日本語に翻訳された書籍もありますが、残念ながら翻訳の機会に恵まれなかった書籍も多く存在します。こうした書籍もぜひ紹介したいという思いから、この本で紹介する書籍のいくつかは英語の書籍となっています。

書籍の中には日本語に翻訳されていても、残念ながら絶版になっているものもいくつかあります。世界では広く読まれている重要な書籍であるにもかかわらず、日本では読者を見つけられず絶版になってしまったものです。絶版になっているものは、古書や図書館で探していただくことができると思います。

目次

CHAPTER 2
共感・エンパシー

CHAPTER 3 統合・シンセシス

CHAPTER 4

試行・プロトタイプ

CHAPTER 5

新しいワークスタイルを確立する

CHAPTER 6
デザインの組織文化をつくる

拡張するデザインのコンセプト

CHAPTER 1

拡張するデザインのコンセプト

■狭義のデザインから広義のデザインへ

近年世界では、デザインの概念領域が拡張しています。日本語でデザインというと、姿かたちを捉えた「意匠」という言葉を思い浮かべる人も多いのではないでしょうか。デザイン概念は、この意匠という意味に加えて、「設計」や「構想」という意味を持ち始めているのです。デザインは英語では「design」、中国語では「設計」という言葉が使われています。英語や中国語ではデザイン概念は、姿かたちを捉えるというところから、ものごとを構想するというところまでが1つにつながっているのです。デザイン概念が姿かたちに留まっている日本語は、実はデザインの可能性に関して、言語的に不利な点があると言えるでしょう。

ここで大切なのは、世界ではデザイン概念が拡張しながら、様々な領域に活用されるようになっていることを見逃してはいけないということです。言語的に不利な状況にあるということを意識しながら、日本語におけるデザインの概念の拡張を積極的に行っていく必要があります。

私はよくこのデザイン概念の拡張のことを、狭義のデザインから広義のデザインへの拡張という表現で説明をします。

狭義のデザインとは、専門的な分野における造形を中心にしたデザインの領域です。私が所属する大学においても、グラフィックデザインや工業デザイン、建築デザイン、ファッションデザインといった専門的な分野の教育と研究が行われています。これらはこれまでも、そしてこれからも重要なデザインの領域です。各分野ごとに、デザインの知と実践を深めていく役割を担います。

これに加えて広義のデザインとは、造形だけではなく構想領域への拡張です。構想の方向性を探索するためにリサーチをしたり、リサーチに基づいてコンセプトを策定し、どのような世界を実現すべきかのビジョンを描きます。

広義のデザインのもう1つの特徴は、領域横断的であるということです。1つの専門分野に留まらず、多様な分野をつなぎ、より大きな構想を実現するというアプローチです。

近年デザインの世界に新たに加わったユーザーエクスペリエンス（UX）や、サービスデザ

狭義のデザインと広義のデザイン

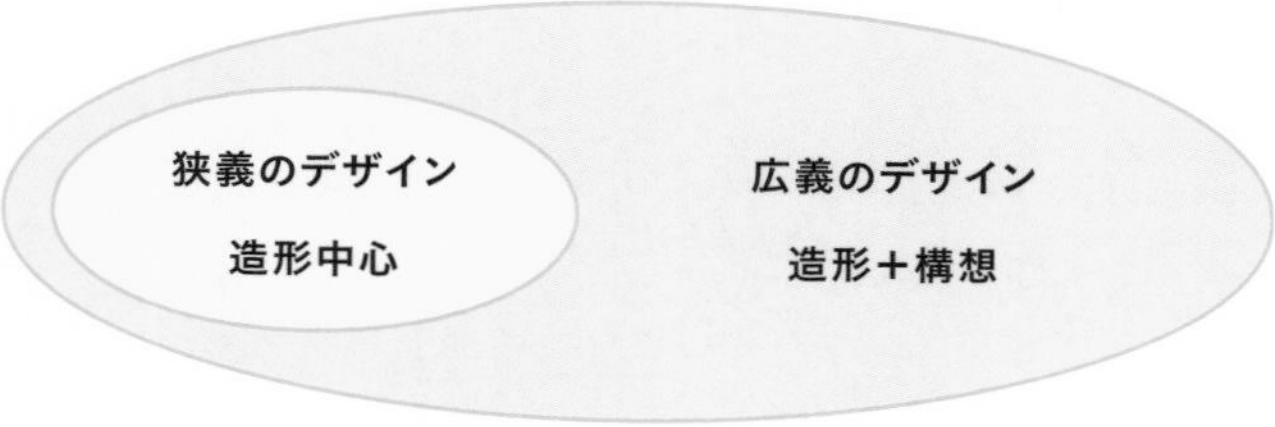

インといった分野は、まさにこうした広義のデザインの領域です。それぞれ多様な領域の専門性を横断した上で成り立っています。

デザイン研究者のリチャード・ブキャナンは、デザイン領域の拡張を次の4つで説明しています。[1] ブキャナンはデザインが、グラフィックデザインに代表されるシンボルとビジュアルコミュニケーションのデザインから、工業デザインに代表される物のデザイン、サービスデザインに代表される体験とサービスのデザイン、そして統合的なデザインの考え方としてシステムや環境のデザインに展開していくという考え方を示しました。

大切なのは、デザインの概念がより広い領域に拡張しているということです。狭義のデザインと広義のデザインは分断しているのではなく、同じデザインという概念でつながっています。造形的な側面と構想的な側面の2つの役割で、デザインを捉えることに大きな可能性が生まれているのです。

複雑さに向き合えるデザインの方法論

なぜこのような領域を横断した広義のデザインの世界が生まれているのでしょうか。

世界でデザインが注目されているのは、時代の変化が背景にあります。世界はより複雑で不確実になり、われわれを取り巻く問題は難しい状況になっています。デザインの議論の中で、世の中には手なずけやすい問題(tame problem)と、厄介な問題(wicked problem)の2つの問題があるという議論があります。そして、デザインはこのうち厄介な問題を取り扱うのに向いていると言われています。(2)

デザインの考え方を端的に表したものに、ダミアン・ニューマンが提示したデザインスクイグル(Design Squiggle)という図があります。(3)スクイグル(squiggle)にはなぐり書きという意味があります。デザインスクイグルの図でも、文字通りなぐり書きのように入り乱れた線が目に入

(1) Buchanan, R. (2001). Design Research and the New Learning. Design Issues, 17(4), 3–23.
(2) Buchanan, R. (1992). Wicked Problems in Design Thinking. Design Issues, 8(2), 5–21.
(3) https://thedesignsquiggle.com/

The Design Squiggle

https://thedesignsquiggle.com/

ってきます。

この図は、左から右に向かってデザインのプロセスを示したものです。ご覧になるとわかるように、途中まで非常に混沌とした中にあることが伝わってきます。デザインとは、こうした混沌としたカオスな状況の中から1つの解を統合的に導くことなのです。

私は、ビジネススクールでもデザインの方法論を教えています。そのクラスの中でもこの図を紹介します。多くの学生がこの図を見ると、通常のビジネスの考え方とデザインの考え方の違いを直感的に理解してくれます。

通常のビジネスでは、これほどまでにプロセスの途中まで混沌とした状況は少ないのではないでしょうか。ビジネスは混沌とした状況をなるべく避けようとします。そのため、プロセスの初期のタイミングで、もっとシンプルにものごとを考える傾向があります。逆に言うと、複雑な要素を切り捨ててしまう傾向があるのです。しかし、ビジネスを取り巻く環境そのものが、複雑で不確実になっている今、複雑な状況を取り除いてしまっては、本質的な解を導くことが難しくなってしまいます。

一方で、デザインはこうした複雑な状況に耐えられる方法論なのです。デザインスクイグルの図はそれを端的に示しています。デザインに携わっている人にこの図を見せると、確かにデザインとはそういうものだよね、と何の違和感もなく見てもらえると思います。このことを、ビジネススクールに学びに来ているビジネスバックグラウンドの学生に説明すると、一様に驚きます。ビジネススクールの学生は、混沌とした先の見えない状況が、プロセスの途中まで長く続くことが気持ち悪いようなのです。

世界でデザインの方法論が注目されている背景も、この複雑さに向き合える方法論であるという点です。ビジネスだけではなく、社会課題や行政・政策を取り巻く環境も同様に、複雑で不確実になっています。ビジネスに加えてこれらの領域においても、デザインがこうした複雑さに向き合える方法論として注目されているのです。

大学の私の研究室でも、ビジネス領域に加えて、ソーシャルイノベーションや政策のためのデザインという研究領域を掲げて、学生とともに研究活動を行っています。こうした実践を通じて、デザインの方法論が、より多くの領域において活用可能であることを実感しています。

■デザイン思考

デザインの拡張において、大きな貢献をしたのがデザイン思考・デザインシンキングです。イノベーション創出のために、デザインの方法論をビジネスを始めとした多様な領域で活用するものです。デザインの方法論や考え方を、イノベーション創出のために、ビジネスを始めとした多様な領域で活用するものです。

デザイン思考という言葉自体は、古くからいろいろな識者によって用いられてきました。現在多くの人々が用いるようになったデザイン思考の概念は、２０１０年前後に世の中に定着し始めました。１つのきっかけは、２００８年にデザイン・ファームＩＤＥＯのＣＥＯだったティム・ブラウンが「Design Thiking」というタイトルの論文を、ハーバードビジネスレビューに発表したことです。[4] その前後に、アメリカのスタンフォード大学においてd.shoolという、デザインの専門家だけではなく様々な専攻の大学院生に、基礎的なデザインの方法論を教えるための教育機関が立ち上がりました。[5]

デザイン思考の定義は様々ですが、一般的な考え方としては、デザインの方法論をデザインの専門家だけではなく、多様な領域の人々でも扱えるようにしたと捉えることができます。

スタンフォード大学のd.shoolは、まさにそのために設立された教育機関でした。ビジネスや法律、医学、工学の修士課程の学生たちが、デザインの基本的な考え方を身につけるためのプログラムです。デザイン思考の功績は、デザインの方法論を狭義のデザインの専門家に留めるのではなく、社会の課題やビジネスの課題に向き合う人々に広げたことにあります。

一方で、デザイン思考に対する批判もあります。その多くは課題の本質的な解に結びつかない、あるいはイノベーティブなアイデアが出ないといったものです。これらはデザイン思考の功績のコインの裏と表にあたります。つまり、デザイン思考はデザインの方法論を広く一般に普及させた一方で、デザインが本来持つ知の深さと比べると、表層的なところに留まっているという課題です。[6]

また、デザイン思考が、単なるプロセスだと理解されてしまった点も問題です。デザインは通り一辺倒のプロセスではなく、行動や思想を伴ったものとして理解され、実行されるべきで

（4）Brown, T. (2008). Design Thinking. Harvard Business Review, 86, 84-92.
（5）https://dschool.stanford.edu/
（6）デザイン思考に対する批判としては次のようなものがある
Iskander, N., (2018). Design Thinking Is Fundamentally Conservative and Preserves the Status Quo, Harvard Business Review.
https://hbr.org/2018/09/design-thinking-is-fundamentally-conservative-and-preserves-the-status-quo
Ackermann, R., (2023). Design thinking was supposed to fix the world. Where did it go wrong?, MIT Technology Review.
https://www.technologyreview.com/2023/02/09/1067821/design-thinking-retrospective-what-went-wrong/

す。

この本ではデザイン思考の功績に敬意を払いながら、デザインを行動とワークスタイル、組織文化として伝えていきます。ここで述べている方法論は、デザイン思考で触れられているものと共通性もあります。読者の皆さんにデザイン思考のさらに先を行っていただくために、皆さんの具体的な行動や次の学びにつながることを意識しています。

■サービスデザイン

デザイン思考に続いて、デザインの可能性を拡張したのがサービスデザインです。サービスデザインとは、店舗やアプリなど複合的な顧客接点を使って、顧客に豊かな体験を提供するデザインの領域です。

古典的なサービスデザインは、店舗空間と、ＡＴＭやキオスクなどの機器を持つ銀行や航空会社などの業種を中心に取り組まれてきました。サービスデザインが、より一般に広がっていくきっかけとなったのがスマートフォンの普及です。

スマートフォンは、２００７年にアップルがｉＰｈｏｎｅを発売した前後から普及が始まり、２０１０年代に入り加速度的に浸透していきました。スマートフォンは、タッチディスプレイを備えた情報端末を一人一台ずつ保有し、日常的に利用するという状況を生み出しました。さらに、インターフェースがある程度統一されたソフトウェアをアプリとして提供することも可能になりました。

このことにより、スマートフォンとアプリを顧客接点に組み込んだサービスデザインが一気に展開されるようになりました。この状況を象徴しているのが、ライドシェアサービスのＵｂｅｒです。Ｕｂｅｒはドライバーとユーザーにアプリを提供することで、ドライバーが自家用車を、乗客を乗せる車としてサービス提供することができるようになりました。

私がＵｂｅｒを最初に利用したのは２０１２年頃のことでした。当時一緒に仕事をしていたアメリカのデザイン・ファームのメンバーが、すごいサービスができたから使ってみてと教えてくれたのです。アプリと車両を複合したあまりにも使い勝手のよいサービスだったので、研究対象として、サービスの詳細を分析したりしていました。

サービスデザインが一般的に議論されるようになったのは、２０１０年前後のことです。この本で紹介している『THIS IS SERVICE DESIGN THIKING』が出版されたのもこの頃でした。この頃から一般の人々もスマートフォンを使うようになり、アプリ利用を前提としたサービスデザインが急速に普及していきました。

サービスデザインは、デザイン思考が形作ったユーザー起点でデザインするヒューマンセンタードデザインの流れを継承しました。その上で、ユーザーの体験のステップを時系列でデザインする方法論を確立しました。近い概念としてユーザーエクスペリエンス（ＵＸ）デザインなども生まれ、今やアプリなどのデジタルのサービスや事業をつくる上では欠かすことができないデザイン方法論として認識されています。

デザイン思考がデザインの考え方を一般に開いていったのに対して、サービスデザインは、実際のビジネスをつくる方法として、スタートアップ企業や新規事業開発の現場にデザインの概念を定着させていきました。

■ スペキュラティブデザイン

デザインの拡張領域はものやサービスに留まりません。デザインの方法論を活用したビジョンや未来シナリオづくりに注目が集まっています。

このことを象徴的に体現しているのが、スペキュラティブデザインというデザイン領域です。スペキュラティブデザインは、イギリスのＲＣＡ（Royal College of Art）に在籍していたアンソニー・ダンとフィオナ・レイビーによって提唱されました。

スペキュラティブの語源は「見る」という意味のラテン語に由来します。そこから、推測するとか考えを巡らせるといった意味になりました。スペキュラティブデザインは、先を見通した未来の世界のあり方を示すデザインです。

スペキュラティブデザインの初期の作品に「Technological Dreams Series: No.1, Robots」とい

うものがあります。[7] この作品は、情報機器と人間の新しい関係性を示したものです。未来において高度に発達した機械・ロボットが、まるで生き物のように人間に寄り添いながら対話をする様子が表現されています。

スペキュラティブデザインの重要な要素は批判性です。それまで当たり前だと思われていた常識的なものの見方に批判を加えることで、こんな世界もあってもいいのではないかということを示し、議論が起こることを意図するデザインなのです。

この作品も、機械と人間が寄り添って対話をするとはどういうことなのか、という問いを私たちに投げかけます。その関係性は従属的なものなのか、親密なものなのか、依存的なものなのか、多様な機械と人間の関係性の可能性を示唆します。これは現在起こっているＡＩと人間の関係性の議論にも通ずるところがあり、その先見性に改めて驚きます。

スペキュラティブデザインが示したデザインの拡張は、未来の世界の姿を批判的に描くことで、未来のあり方に対して大きな問いを投げかけるものです。批判と問いというのはデザインの本質的な役割であり、スペキュラティブデザインは、その役割を抽出して、デザインの領域を未来ビジョンに拡張していったと言えます。

(7) https://dunneandraby.co.uk/content/projects/10/0

■政策のためのデザイン

最後に紹介するのは、政策立案や行政の現場におけるデザインの活用です。この領域は「政策のためのデザイン」、英語では「design for policy」という概念で知られています。デザインが、民間企業における製品・サービス開発や未来ビジョンづくりだけではなく、行政などの公共領域に活用されているのです。

公共領域におけるデザインの活用は、デザインのこれまでの拡張の歴史を辿るような進化を見せています。最初は、行政のチラシやポスターなどのコミュニケーション媒体のデザインから始まりました。その後、デジタルサービスなどの行政サービスのデザインに展開し、政策のビジョンづくりなどにも発展しています。

こうした行政におけるデザイン活用の進展は「デザインラダー（デザインのはしご）」という概念でも示されます。デザインラダーとは、デザインの活動がはしごの下から一歩一歩上がっていき、最終的に戦略性が高い領域にまで、デザインが活用されるようになってきたということを表します。

最初のデザインラダーは、2001年にデンマークデザインセンターによって提唱されまし

The Public Sector Design Ladder

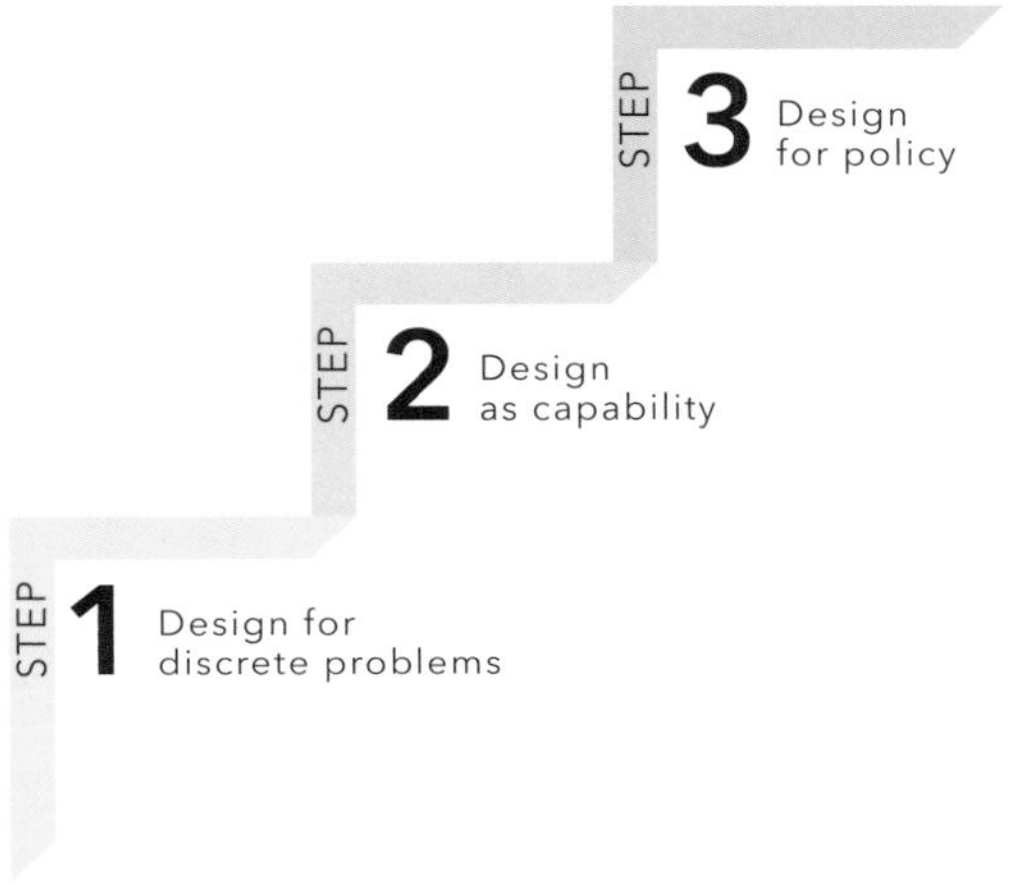

Design Council『Design for Public Good』

た。このデザインラダーは、1．デザインが活用されない状態（Non-Design）、2．形を与えるためのデザイン（Design for Discrete Problems）、3．プロセスとしてのデザイン（Design as Capability）、4．戦略としてのデザイン（Design as Strategy）の4つで構成されています[8]。

その後イギリスのデザインカウンシルによって、公共セクターのデザインラダーが発表されています。こちらは、1．個別の課題ごとにデザインを活用する（Design for discrete problems）、2．行政組織に新しい能力としてデザインが定着する（Design as capability）、3．政策の立案と実行にデザインが活用される（Design for Policy）の3つの段階が提唱されています[9]。

いずれのラダーも、狭義のデザインから

広義のデザインへの変遷が、連続したステップとして表現されていることが興味深いです。世界では狭義のデザインと広義のデザインは別のものではなく、同じdesignという概念でつながっているという話をしましたが、ここでも同様のことが見られます。

行政においてデザインが活用される背景として、行政を取り巻く課題が複雑で不確実になっていることが挙げられます。これは一般的な世界において、デザインがその役割を拡張するようになってきた背景と同じです。

公共領域にデザインが拡張されていくことは、デザインの方法論をより広い範囲の人々に開き、一人ひとりの自発的な行動を促すことにつながります。行政だけが公共を担うのではなく、デザインの能力を身につけたステークホルダーが協業して、新しい公共をともに担っていくことが期待されています。

（8）Danish Design Centre. (2001). The Design Ladder.

（9）Design Council. (2013). Design for Public Good.

行動、ワークスタイル、組織文化

この本では、デザインの方法論を、行動とワークスタイル、組織文化の3つの領域で紹介していきます。これらの方法論はいずれもデザインに特徴的なものです。現在のビジネスとは異なる考えやアプローチのものも多く含まれています。今後ビジネスが創造的に変革していくためには、これまでとは異なる新しいアプローチが必要です。そのためにもデザインの方法論から学べることはたくさんあります。

詳細はそれぞれの章を見ていただくとして、ここではそのサマリーをイントロダクションとしてお伝えします。

■創造的なビジネスを加速させる行動

行動とは、実際に主体性を持って実践するということです。デザインにおいて何よりも大切なのはやってみるということです。オフィスの机や会議室でデータを眺めているだけでは変化は起こりません。オフィスを離れ、フィールドに出て人に会い、見聞きしたものを多角的に見ることで、コンセプトを創造し、手を動かして具現化していきます。

この本ではデザインの行動として、「共感・エンパシー」「統合・シンセンス」「試行・プロトタイプ」という3つの要素を説明します。デザインの方法論には多様な側面があり、とても1冊の本では紹介できるものではありません。この本では、その中でも広義のデザインのエッセンスとしてこの3つの要素を抽出しました。これらは、いずれも従来のビジネスには見られなかったデザイン特有の創造的な方法論です。

これらの要素はプロセスとして紹介することもできるかもしれませんが、あえてそうせずに行動として紹介することにしました。なぜならプロセスとして紹介してしまうと、一方通行で終わりがあるものに見えてしまうからです。

デザインは一方通行の行動ではなく、行ったり来たりを繰り返すものです。英語ではイテレーション（iteration）とも呼ばれます。スパイラルアップ（spiral-up）と表現されることもあります。多様な行動を積み重ねて、段々と高い次元に上がっていくというイメージを示しています。

3つの行動は日本語と英語をセットにして紹介します。英語は世界で使われているデザイン概念です。これだけだとイメージしにくいので、それらに漢字2文字の訳語をつけました。このことで、英語概念と日本語概念を合わせて認識してもらえるようにしました。これも、グローバルのデザイン概念と日本の文脈を合わせていきたいという思いからです。

再現性の高い創造性を実現するワークスタイル

デザインの方法論を組織に導入する時にもう1つ必要なのが、再現性の高いワークスタイルを確立するということです。「はじめに」で述べたように、専門家に依頼したりして属人的にデザインを活用するだけではなく、自分たちの力で継続してデザインを活用し、創造的な仕事を生み出すことが鍵となります。そのために、具体的な行動ももちろん必要ですが、組織としてのワークスタイルも変えていく必要があります。

デザインのワークスタイルにおいて大切なことは、誰でも使える方法論にすること、プロジェクト型の運用を増やすこと、チームの多様性を確保すること、そして創造的な場所をつくることです。

誰でも使える方法論にするということは、方法論を明文化するということです。冒頭のデザインスクールでの衝撃のところでも述べましたが、これまで曖昧でブラックボックスだと考えられてきた創造的なアプローチを明文化することで、誰でも開かれた道具にすることが重要です。

プロジェクトとは、一定の目的のもとにメンバーが集い、期間限定で活動を行うワークスタイルです。新しいものごとは、既存のビジネスの大きな組織よりも、機動力が高いプロジェクト型の組織で取り組まれることが多くなっています。

創造的なアウトプットを組織的に生み出すには、組織の多様性が大切になります。この本で何度か触れるように、創造性には多角的なものの見方が不可欠だからです。多様な個性を持った人々が多様な視点を持ち寄ることができれば、組織の創造性は加速度的に広がっていきます。

ワークスタイルで忘れてはいけないのは場所・空間です。リモートワークも普及しましたが、まだまだオフィスなどの場所を持っている組織も多いと思います。組織の拠点となる場所がどのようなところなのかが、組織のワークスタイルを決めるといっても過言ではありません。創造的な組織には創造的な場所が必要なのです。

自発的な行動を生み出すデザインの組織文化

デザインを組織的に導入する最終的なかたちはデザインの組織文化をつくることです。組織文化とは、組織の中で共有される行動様式や価値観です。デザインの組織文化とは、自発的に考え、仲間とともにあるべき世界を実現していくことです。ワークスタイルとして組織の中に定義されたものが繰り返し実践されることで、組織文化の土台がつくられます。

組織文化をつくる上でもう1つ必要なことは、マインドセットです。マインドセットとは、ものごとに向き合う気持ちや態度のことです。従来のビジネスにおけるマインドセットとデザインのマインドセットはかなり異なります。ビジネスのマインドセットが合理的で分析的なものだとすると、デザインのマインドセットは直感的で行動的なものです。

従来のビジネスは、計画や分業によって成果を出していたため、合理的な判断や分析的な思考が重視されました。一方、デザインは計画的というよりは状況に応じて適応的にものごとを進め、分業だけに留まるのではなく、全体と部分を往復する方法論です。そのため、直感や感性を重視し、試しにつくったり行動したりしながら検討を進めていきます。デザインでは、自分の頭で考え、自立的に動く行動力が求められるのです。

このようなマインドセットが醸成されると、仕事に自分ごと感が生まれ、夢中になって取り組めるようになります。その結果、限られた時間でもより質の高いアウトプットを生み出すことができます。また、成果が自分にフィードバックされて、さらに自分の仕事として主体性を持って関わるようになるという好循環のサイクルに入ります。

これまでのビジネスが、大きな組織の歯車の一員として、自分ごとが抜け落ちた仕事のあり方だとすると、デザインのマインドセットは、全体と部分を往復しながら、自分ごととして主体的に取り組むことを推進するものです。組織の構成員が自分が行うべきことを認識していて、周囲のメンバーと協調しながら、新しい課題に取り組むことができるようになります。

創造的な組織では、こうしたマインドセットが組織文化として定着し、より高い成果を恒常的に生み出すことができるようになるのです。

デザイントライアングル

これまで説明してきたデザインの方法論を1つの図で整理すると、3つのレイヤーで構成されたトライアングル状のものになります。

デザインの方法論を、企業や組織に導入する時の土台になるのはデザインの組織文化です。その上にデザインのワークスタイル、そしてその結果生まれるデザインの行動があります。

これらの要素は、相互に関係しています。デザインの行動が自発的に繰り返されることで、

デザイントライアングル

ワークスタイルとして組織に定着します。その結果、長い時間をかけてデザインの組織文化が育まれていきます。逆の流れもあります。豊かで強いデザインの組織文化があれば、デザインのワークスタイルは定着しやすくなるでしょう。デザインのワークスタイルが明確であれば、それに支えられてデザインの行動も自然と活性化するはずです。

1-1

デザイン・シンキング

『発想する会社！
―― 世界最高のデザイン・ファームIDEOに学ぶイノベーションの技法』

トム・ケリー、ジョナサン・リットマン著、鈴木主税、秀岡尚子訳
早川書房、2002年

デザインを拡張しビジネスと結びつけた立役者ＩＤＥＯ

デザインを拡張した立役者の1つとして、デザイン・ファームのＩＤＥＯがあります。ＩＤＥＯの歴史は、1970年代にスタンフォード大学のプロダクトデザインの修士課程を終えた、デビット・ケリーとその仲間によって設立されたデザイン会社から始まります。その後、1990年に同じ志で活動していた複数のデザイン会社が合併し、現在のＩＤＥＯになりました。

初期のＩＤＥＯは、プロダクトデザインを専門としたデザイン会社でした。シリコンバレーに拠点があったこともあり、アップルを始めとした先進的な企業とともに仕事をする過程で、デザイン会社としての役割は拡大していきました。

本書の原著が出版されたのは2001年です。書いたのはデビッド・ケリーの弟であるトム・ケリーとライターのジョナサン・リットマンです。兄のデビッドが生粋のエンジニアであったのに対して、弟のトムはビジネスのバックグラウンドを持ち、コンサルティング会社に勤務した後、1980年代にＩＤＥＯの前身となるデビッドの会社に合流しました。

本書が日本で出版されたのは2002年で、原著の出版の翌年です。おそらく日本で出版された広義のデザインに関する最初の本の1つです。実は私も出版された当時、この本を手に取り、拡張されたデザインの世界にとてもワクワクした覚えがあります。幸いなことに、その後2000年代半ばから2010年代初頭にかけてIDEOと仕事をする機会にも恵まれ、様々なインスピレーションを受けました。

■ドキュメンタリー番組で知られるようになった独自のワークスタイル

今回この本を書くにあたって、本書を改めて手に取りました。2000年代初頭に出版された本なので、中に紹介されている事例にはスマートフォンやアプリの姿はありません。その多くは純粋なプロダクトデザインか、小さなディスプレイがついた程度のインタラクティブな製品のデザインです。改めてこの本を読むと、創造的な組織に必要なエッセンスが今も古びることなく詰まっていることがわかります。

本書の冒頭でトム・ケリーが紹介しているのは、アメリカの大手放送局であるABCで放映されたナイトラインという番組のことです。この番組は、IDEOのメンバーが1週間という短い時間の間に、イノベーティブなショッピングカートをデザインするというドキュメンタリーです。

番組ではショッピングカートを短期間でつくるという課題に対して、IDEOのメンバーがいつもの段取りで楽しそうにアイデアをつくり、かたちにしていく様子が紹介されました。このIDEOのワークスタイルが、あまりにもユニークで創造性溢れるものであったために、デザイン会社とはこんな働き方をしているのかと話題になったそうです。そして、番組がきっかけとなってデザイン会社としてのIDEOも有名になりました。

本書は、この番組がきっかけとなって書かれることになりました。本書には、番組でも紹介されていたIDEOのワークスタイルが、豊富な事例とともに詳細に書かれています。その基本的な考え方は、この本で述べている共感・エンパシー、統合・シンセス、試行・プロトタイプという流れとも共通しています。

「イノベーションは見ることから始まる」という章では、フィールドワークにおいて観察することが、イノベーションのインスピレーションになるということが書かれています。この章で紹介されているのが、この本でも紹介している『考えなしの行動？』の著者であるジェーン・フルトン・スーリです。ABCの番組の中でも、心理学のバックグラウンドがあるスーリが、観察のフィールドワークをリードしている様子が捉えられています。

番組でも象徴的なシーンとして取り上げられIDEO独特のワークスタイルとして知られたのが、そのブレインストーミングの方法です。「究極のブレインストーミング」という章では、ブレインストーミングの7つの秘訣が紹介されています。1．焦点を明確にする、2．遊び心のあるルール、3．アイデアを数える、4．力を蓄積し、ジャンプする、5．場所は記憶を呼び覚ます、6．精神の筋肉をストレッチする、7．身体を使う、という7つのルールです。IDEOのブレインストーミングのルールはこの後少しずつ形を変え、今でも活用されています。大切なのは、ブレインストーミング1つ取ってもダラダラとやるのではなく、共通の方法を組織で共有し、常にこの方法に即したやり方で行うということです。

■今も古びることがない創造的な組織に必要なエッセンス

本書から学べるのは、デザインのプロセスだけではありません。デザイン組織をどのように作ったらよいかという、組織論のエッセンスも20年前にほぼ確立していたことに驚きます。

IDEOがそれまでのデザイン・ファームと大きく異なったことは、特定のデザイナーに依存をしない組織をあえて作ったということです。複数の会社が合併してIDEOができた時、デビッド・ケリーやビル・モグリッジといった著名なデザイナーがいたにもかかわらず、会社の名前はケリー&モグリッジデザインにはなりませんでした。

IDEOは伝統的に属人的なデザインよりも、チームによる創造性のあり方を追求してきました。「クールな企業にはホットなグループが必要だ」という章では、チームでプロジェクトに取り組むことの重要さが述べられています。異なるバックグラウンドを持つ多様なメンバーのフラットな関係の中から、アイデアが生まれ、かたちになっていくプロセスです。

IDEOが今でも大切にしている理念の1つが、「仲間の成功を助けよう（Make Others Successful）」というものです。自分の貢献を主張するのではなく、チーム全体としての成功を目的に置いているのです。

IDEOから学べるデザイン組織における重要な要素に、ワークスペースがあります。私も何度か、カリフォルニアにあるIDEOのオフィスを訪問したことがあります。オフィスに入ると天井から自転車が吊り下げられていたり、執務空間の周りをプロジェクトルームが占めていたりしていました。

仕事は基本的にプロジェクトルームで行われ、自分の席で黙々と作業する時間よりも、プロジェクトルームで仲間とおしゃべりをしながら、壁に資料を貼ったりして進めるというワークタイトルでした。「温室をつくろう」という章では、まさにこの創造的な働き方のための創造的な空間の話が出てきます。

作っているものや使っているツールはやや古びていますが、この章で紹介されている写真は今見てもワクワクします。壁一面に写真が貼ってあったり、会議室にいろいろな形の椅子が置いてあったり、遊びなのか仕事なのかわからないものが置いてあったりです。クライミングウォールがある部屋なんかもあったりします。

ＩＤＥＯは、２０１０年代頃からよく知られるようになったデザイン思考のコンセプトを体現する組織としても知られています。本書が出版されたのは、それよりも10年ほど前。この本の中には、実はデザイン思考という言葉はほとんど出てきません。デザイン思考以前から存在する、拡張されたデザインのピュアな姿がこの本の中には詰まっています。

もちろんプロセスも大事ですが、それ以上にどんなワークスタイルなのか、どんなスペースで働くのか、どんな組織文化をつくるのか、といったデザイン組織をつくるために必要とされる実践が、この時点で豊かに行われていたことに驚きを隠せません。

1-2

サービスデザイン

『THIS IS SERVICE DESIGN THINKING. Basics – Tools – Cases』

マーク・スティックドーン、ヤコブ・シュナイダー編著、郷司陽子訳
ビー・エヌ・エヌ、2013年

■ビジネスに大きな貢献をした拡張デザイン領域

拡張したデザインがビジネスに大きな貢献をしている代表的な領域の1つが、サービスデザインです。アプリ開発や新規事業開発に必要不可欠なデザイン方法論として定着しています。サービスデザインとは、UXデザインとも言われる体験のデザインを基盤にしながら、ビジネスのあり方も規定する総合的なデザイン領域です。WEBサービスやスマートフォンのアプリが世界を席巻し始める2000年代半ばから様々な場所で実践が行われるようになり、2010年頃に現在の形が出来上がりました。

IDEOに代表される、プロダクトデザインを起点にしたヒューマンセンタードデザインによるイノベーションのアプローチは、2000年頃からビジネスの世界でも注目されるようになりました。サービスデザインはその次のステップとして、このヒューマンセンタードデザインの考え方を継承しながら、新しいプラットフォームとして人々の生活に定着をし始めたWebやアプリにおける体験価値のデザインに力点を置いたものです。

私自身は2000年代半ばにIDEOと仕事をするようになり、その後2010年前後にアメリカのデザインスクールに留学する過程で、この変遷を目の当たりにしました。

在籍していたアメリカのデザインスクールでは、ヒューマンセンタードデザインのアプローチがすでに教えられていて、それに加えてサービスデザインのクラスが新しく開講されたばかりという状況でした。クラスの講師の一人でデザイン・ファームでサービスデザインの実践をしていた教員から、この本のことを紹介されたことを今でもよく覚えています。

本書の著者はスティックドーンとシュナイダーという2人の名前となっていますが、実際はヨーロッパを中心としたサービスデザインの複数の実践者によって書かれたものです。まだ黎明期にあったサービスデザインの領域をより多くの人々に広めるために、実践者たちが、実務の傍らその方法論を明文化し、書籍にしたのです。

1人の著者ではなく、複数のプロフェッショナルたちが、こうしたパイオニア的な本を書くというアプローチの先駆的な事例だとも言えます。この本の少し後に出版され、世界的にも多くの人に読まれた『ビジネスモデル・ジェネレーション』も同様のアプローチで書かれています。(1)

心構えとしてのサービスデザイン思考

この本のタイトルは『THIS IS SERVICE DESIGN THINKING』です。このタイトルに現れているように、具体的なプロセスだけではなくサービスデザインに特有の思考法が紹介されています。その思考が凝縮されたのが、サービスデザイン思考の5原則です。その5原則とは

1.ユーザー中心（User-Centered）、2.共創（Co-Creative）、3.インタラクションの連続性（Sequencing）、4.物的証拠（Evidencing）、5.ホリスティック（Holistic）の5つです。

サービスデザイン思考の最初に、ユーザー視点が挙げられていることは、まさにヒューマンセンタードデザインから連続した方法論であることを示すものです。ヒューマンセンタードデザインについては、この本の中でもこの後詳細に紹介していきます。

サービスデザインの考え方で大切なのは、タッチポイントというユーザーとサービスの接点です。プロダクトデザインとサービスデザインの大きな違いは、プロダクトは1つの接点であるのに対して、サービスは複数のタッチポイントで構成される点です。タッチポイントが複雑であるが故に、提供者の視点だけで価値をデザインすることが困難であり、ユーザー視点でものごとを考える必要があるのです。

2番目に挙げられている共創的という考え方も、ユーザーと複雑なタッチポイントの間で生じるサービスデザインに必要不可欠な考え方です。サービスにはタッチポイントの数だけ関係者がいます。調和が取れたサービスをデザインするためには、関係者とユーザーが協同しながらあるべきサービスの姿を模索する必要があるのです。

（1）アレックス・オスターワルダー、イヴ・ピニュール著、小山龍介訳『ビジネスモデル・ジェネレーション ビジネスモデル設計書』翔泳社、2012年

3番目のインタラクションの連続性という考え方で表現されているのは、体験の時間軸の大切さです。サービスデザインは、ユーザーが中心となり、段階を追ってタッチポイントを通じて価値を提供するという考え方だからです。相互に関係している複数のタッチポイントを繋ぎながら一連の体験の流れを作っていきます。

4番目の物的証拠というのは、形のないサービスだからこそ、サービスを体現する物理的な要素によってサービスの価値を可視化するという考え方です。ユーザーとサービス提供者の間にあるタッチポイントを、どこでどのようにデザインするかが問われます。

最後の全体的な視点という考え方も、現代的なデザインにおいてその重要性が高まっている考え方です。サービスは時間軸で提供されるものであるとともに、多様な関係者が関わる空間的にも広がりを持ったものでもあります。個々の体験だけではなく、全体的なエコシステムがどのような形に広がっているかにも目を向ける必要があるのです。

■デザインのためのツールボックス

本書の中ではサービスデザインの思考ツールとして、様々なフレームワークや方法論が紹介されています。例えば多様な関係者を描くステークホルダーマップや、ユーザーの体験の流れを記述するカスタマージャーニーマップなどのマッピングツール。典型的なユーザー像を描くペルソナ、ユーザーが直接体験できるタッチポイントだけではなく、その背後にあるオペレーションまで記述するサービスブループリントなどの顧客体験デザインのツール。サービスの背後にあるビジネスモデルを記述するビジネスモデルキャンバスなどです。

サービスデザインのツールは、ヒューマンセンタードデザインの考え方を継承し、ビジネスに活用しやすい形で洗練されたものです。サービスデザインだと認識しなくても、ペルソナやカスタマージャーニーなどのツールに触れたことがある方も多いのではないでしょうか。これらのツールは、身近なデザインの方法論としてビジネスの現場にも定着し始めています。

興味深いのはツールの紹介の前に「これはツールボックスです。マニュアルではありません」という説明がなされていることです。この本でも何度か繰り返しますが、デザインには正解がありません。デザインの世界では、能動的に対象に関わり、自分の頭で考え、自分でツールを選択し、試行錯誤することが求められます。本書でも「マニュアルではなく、ツールボックスだから、あなたが必要なものをあなた自身が選んで組み合わせてくださいね」というメッセージが感じられます。

そのため、本書はどこからでも読めるように内容が細分化され、同じフォーマットで書かれているのです。本書の原著の初版本は、黒いハードカバーの表紙のまるで辞書のような存在感のある書籍でした。そのことからも本書がデザイナーの傍らにいつも置かれ、辞書のように困った時に参照されるツールボックス集であるというメッセージが伝わってきます。

1-3

スペキュラティブデザイン

『スペキュラティヴ・デザイン
問題解決から、問題提起へ。』

アンソニー・ダン、フィオナ・レイビー著、千葉敏生訳
ビー・エヌ・エヌ、2015年

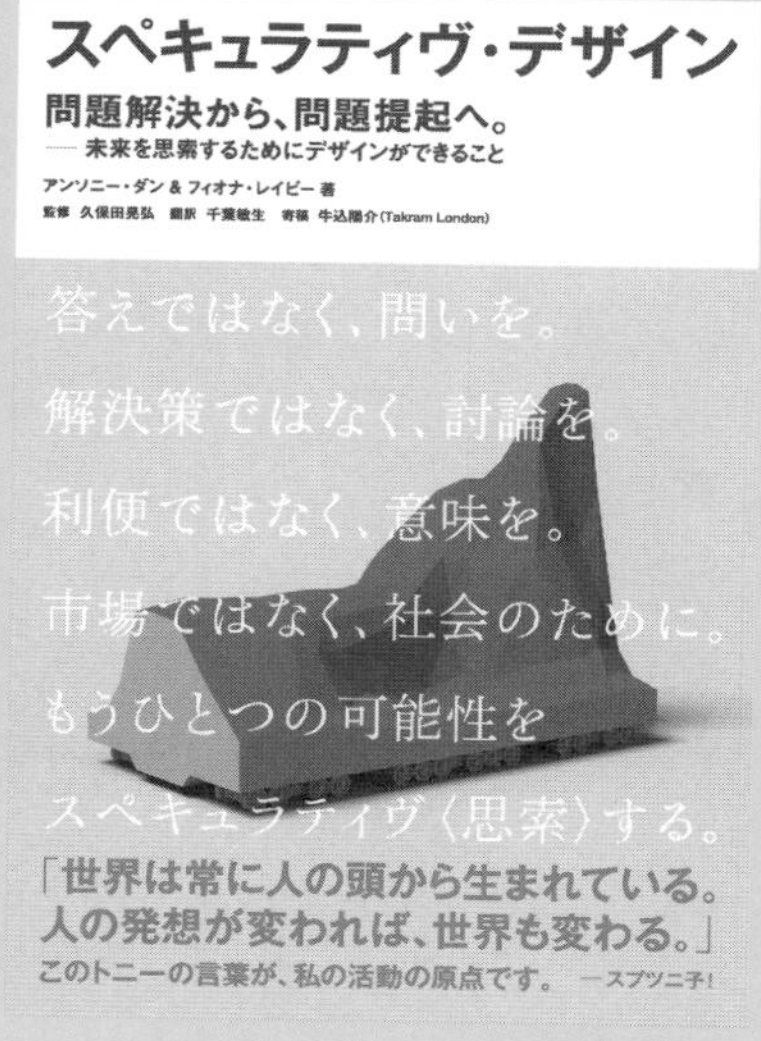
スペキュラティヴ・デザイン
問題解決から、問題提起へ。
―― 未来を思索するためにデザインができること
アンソニー・ダン & フィオナ・レイビー 著
監修 久保田晃弘 翻訳 千葉敏生 寄稿 牛込陽介(Takram London)
答えではなく、問いを。
解決策ではなく、討論を。
利便ではなく、意味を。
市場ではなく、社会のために。
もうひとつの可能性を
スペキュラティヴ〈思索〉する。
「世界は常に人の頭から生まれている。
人の発想が変われば、世界も変わる。」
このトニーの言葉が、私の活動の原点です。 ―スプツニ子!

未来からの問いかけとしてのデザイン

拡張するデザインとして次に紹介するのは、未来のビジョンをつくるデザインです。この本ではその代表的な方法論としてスペキュラティブデザインを紹介します。スペキラティブデザインとは、こうなるかもしれないという未来のあり方を提示し、その未来を巡って議論を活発化させることを目的とするものです。

これまで紹介してきたデザイン思考やサービスデザインが、現実世界の問題解決や機会創出に直接つながるデザインだとすると、スペキュラティブデザインは、何が問題なのか、問題そのものを提起するデザインだと言えます。

スペキュラティブ（speculative）は形容詞、動詞ではスペキュレート（speculate）と言います。スペキュレートは、日本語では思索と訳されることもあります。スペキュレートの語源であるスペックは遠くを見るという意味もあり、スペキュラティブデザインには、離れた未来に深く思いを巡らせるという意味が込められています。

スペキュラティブデザインは、想像力を駆使して厄介な問題に対する新しい見方を切り開くものであるとされます。一般的に考えられる未来とは異なる未来のあり方を提示することで、その未来について話し合ったり、議論したりする場を生み出すことが想定されています。スペキュラティブデザインは、人と現実世界の関係性を新たな形で再定義する媒介なのです。

スペキュラティブデザインは、イギリスのRCAでアンソニー・ダンとフィオナ・レイビーによって提唱されました。ダンはプロダクトデザイン、レイビーは建築のバックグラウンドを持ち、ダンはソニーで、レイビーは日本の建築事務所に在籍していたこともあり、日本ともつながりのあるデザイン研究者です。彼らは現在はRCAを離れ、ニューヨークのニュースクールという大学に移り、スペキュラティブデザインを発展させてデザインド・リアリティーズ・スタジオ（Designed Realities Studio）というラボを運営しています。

スペキュラティブデザインの一例として、ダンとレイビーの初期の作品を見てみましょう。この作品はFaraday Chairというものです。(1) Hertzian Talesという人間とテクノロジーの関係性を再定義する未来プロダクトの1つとして、スペキュラティブデザインのコンセプトが明確に生まれる前の1990年代に制作されました。

Faraday Chairのコンセプトは、電磁波の影響から身を守るための家具です。当時携帯電話の普及などで、電磁波の身体への影響が問題になっていました。もし、その影響が健康に直接的に害をもたらすほど強くなってしまったら、人間はどのように生活することになるのかを、ありうる未来の姿としてプロダクトデザインを通じて示したものです。

オレンジ色のボックスの中に、ホースを口にした女性が横たわっている様子は衝撃的です。電磁波から逃れるためには、家全体をシールドするのが理想ですが、全ての人ができるわけではありません。ならば、ということで想定されるのはこの作品のような小さなシェルターです。人間は、この小さなスペースの中でどんなことを考えてどんな人生を送るのでしょうか。このように、スペキュラティブデザインでは、ありえるかありえないかギリギリの未来を描くことで、現在に生きるわれわれに問いを投げかけるのです。

前述のように、スペキュラティブデザインは問題解決型ではなく、問題提起型のデザインです。複雑で不確実な時代において、われわれが直面する課題は、そう簡単に解決できるものではありません。本質的、根源的に課題を乗り越えるためには、われわれが持つ価値観や信念、考え方をゼロベースで見直す必要があるのです。

スペキュラティブデザインが突きつけるのは、安易な問題解決型デザインの危険性です。ものごとの本質を疑わないまま、表層的な問題解決型のデザインによって片付けようとすると、状況をより悪化させてしまう危険性があります。スペキュラティブデザインの問いは、われわれが問題に取り組もうとする姿勢そのものに批判的な眼差しを提供するのです。

（1）https://dunneandraby.co.uk/content/projects/67/0

The Faraday Chair

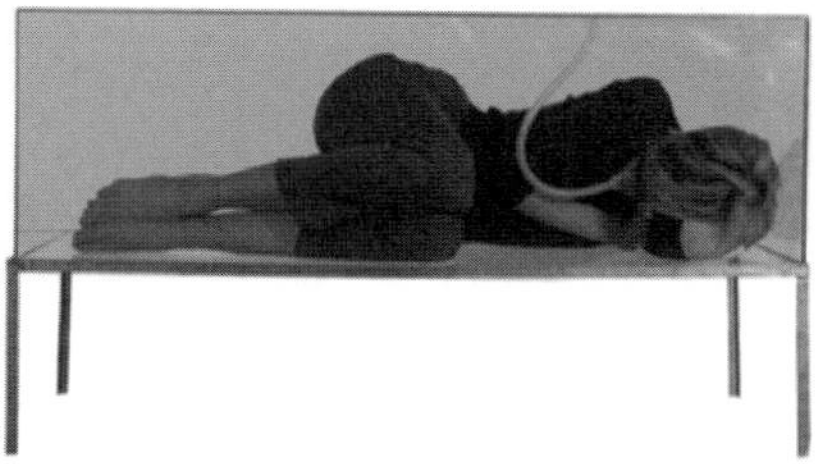

https://dunneandraby.co.uk/content/projects/67/0

未来予測から未来洞察へ

スペキュラティブデザインが示すもう1つの視点は、未来を一義的に予測するという姿勢から未来の可能性を考える姿勢へのシフトです。

われわれは、長く未来は予測できるものだと信じてきました。予測とは英語ではフォーキャストと言います。フォーキャストという言葉が身近で使われるのは天気予報（ウェザー・フォーキャスト）です。天気予報のような短期間の未来はある程度予測可能です。直近の人口動態なども予測可能な未来の1つです。

一方で、100年前の未来予想図の多くが外れているといったことからもわかるように、長期の未来予測は困難です。それどころか、新型コロナウイルス感染症によって経験したように、われわれの生活や社会に大きな影響をもたらす未来は、突発的に何の前触れもなくやってくることもあるのです。

スペキュラティブデザインは、未来を予測するのではなく、こんな未来もあるかもしれないという未来の可能性を洞察することに貢献します。

スペキュラティブデザインにおいて参照されるのは、未来学者のスチュアート・キャンディによる4つのPの図です。4つのPとは、起こりそう（Probable）、起こってもおかしくない（Plausible）、起こりうる（Possible）、望ましい（Preferable）です。これまでのデザインの対象は確度が高く、起こりそうな未来がほとんどでした。

スペキュラティブデザインは、デザインの対象を起こってもおかしくない未来や起こりうる未来にまで広げます。その上で、望ましい未来の姿を議論することが大切だと主張します。そのためにも、議論を巻き起こすような未来の可能性を想定する必要があるのです。

スペキュラティブデザインが示す未来は、あえて単純化され、フィクション的で、挑発的なものになります。何が望ましい未来で、何が望まない未来なのかを議論するための余地を残すためです。そのためには、起こりそうな領域に留まるのではなく、可能な限り起こりうる未来の領域にまで想像力を自由に巡らせることが有効です。

さて、スペキュラティブデザインに代表される未来洞察のデザインは、ビジネスにどのよう

https://thedesignsquiggle.com/

PPPP図

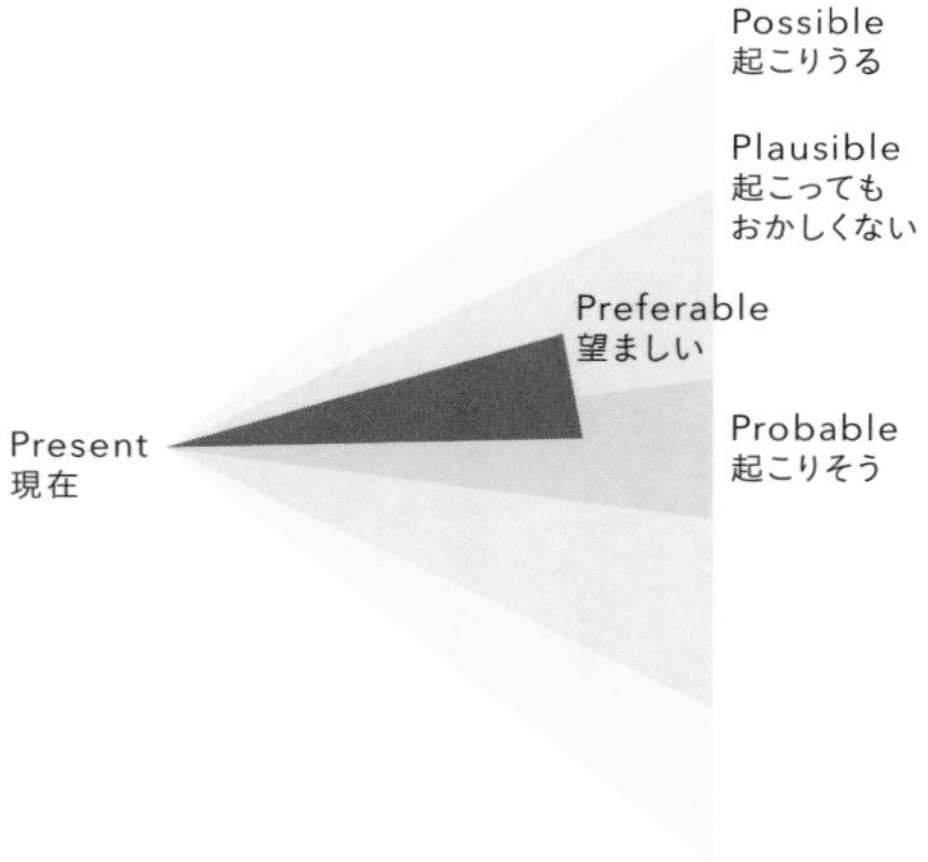

アンソニー・ダン、フィオーナ・レイビー『スペキュラティヴ・デザイン 問題解決から、問題提起へ。——未来を思索するためにデザインができること』p.31

に活用できるでしょうか。

ビジネスもデザインの世界同様に、未来予測だけではなく未来洞察を取り込む必要に迫られています。われわれは、新型コロナウイルスによるパンデミックを経験して、ビジネスに大きな影響をもたらす不確実な未来は突然やってくることを痛感しました。不確実な状況の中で、起こるか起こらないか定かではないが、もし起こったらインパクトが大きな未来を想定し、それを踏まえて今何をするかを考えることがビジネスにも求められています。

その時にヒントとなるのが問いです。AIの時代において、答えはAIがその大部分をアシストしてくれるようになるでしょう。これからより一層重要になるのは、答えの前提となる問いのクリエイティビティです。鋭い問いを恒常的に生み出せる組織は、変化に適応したイノベーションを高い打率で生み出せるでしょう。スペキュラティブデザインを始めとした未来洞察のデザインは、組織の中で鋭い問いを生み出す仕組みづくりとして取り組むことができます。

1-4

政策のためのデザイン

『Leading public design』

Christian Bason著
Policy Press、2017年

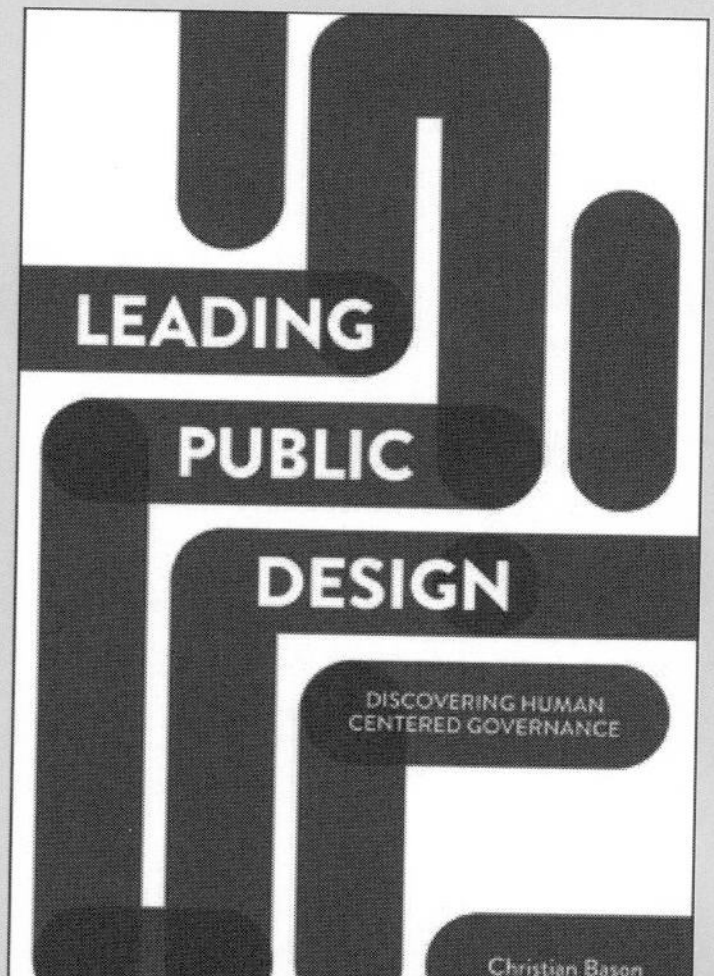

■ 政策や行政の世界にもデザインが活用され始めている

近年、政策立案や行政の領域にまでデザインの可能性が広がっています。政策のためのデザイン（Design for Policy）という学問領域が、海外では近年盛んに議論されています。私もこの領域を大学で研究していて、２０２２年にはフィンランドに１週間ほど滞在し、政策や行政においてデザインの方法論がどのように活用されているかをリサーチしてきました。また、日本でも中央省庁や地方自治体において、政策のためのデザインの取り組みが少しずつ始まっています。

この分野をいち早くリードしたのが、デンマークで活動する本書の著者クリスチャン・ベイソンです。デンマークでは、２００８年に政策のためのデザインを推進する中央省庁内シンクタンクであるマインドラボ（MindLab）という組織がつくられました。ベイソンは、この組織のリーダーを長く務め、政策のためのデザインの世界を牽引した１人です。

ベイソンは、ビジネスのバックグラウンドを持ちながらデザインの方法論にも精通し、その両者を掛け合わせることによって、政策のためのイノベーションの手法としてデザインを活用しました。マインドラボはその後役割を終え、ベイソンは活動の拠点をデンマークデザインセンターに移し、現在も引き続きデザインの方法を活用したパブリックセクターの活動を行っています。

本書『Leading Public Design』では、デザインの方法論を政策や行政などのパブリック領域に活用するための考え方が紹介されています。この本に先立って、ベイソンはマインドラボにおける活動をもとにした『Leading Public Sector Innovation』という本を2010年に出版しました。(1) 本書『Leading Public Design』はその続編として、よりデザインの方法論の活用に特化した内容になっています。

2017年に出版された本書は、いまだ翻訳の機会を見ないままです。政策のためのデザインの領域では、日本語に翻訳された書籍が少ないのです。この本ではデザインの方法論の最新領域として、政策領域におけるデザインの活用についてもぜひ紹介したいと思い、英語の本ではありますが本書を取り上げました。

■ 公共領域の厄介な問題に向き合うデザイン

本書では拡張するデザインのあり方として、この本でこれまで述べてきたことと共通のエッセンスがいくつも紹介されています。その中から、いくつか重要なものを紹介していきましょう。

まず最初に、なぜパブリックセクターにおいてデザインが活用されるようになったかです。そこで注目されるのが、厄介な問題（Wicked Problem）という考え方です。厄介な問題は、デザインの拡張と常にセットで語られる考え方です。世の中が複雑で不確実になったために、われわれが向き合わなければならない問題は、制御することが難しい厄介な問題になっています。これは公共領域も同様です。デザインは、この厄介な状態に向き合える1つの有効な方法論として認識されています。

ベイソンはデザイン側の変化についても述べています。造形を担うことだけではなく、構想したり、共創を通じて人々の間に入っていくという新しいデザインの姿です。ベイソンが注目するのは デザイン態度（Design Attitude）というものです。一部の専門家だけではなく、一般の人々もデザイン態度を身につけることによって、能動的かつポジティブに、厄介な問題に向き合えるようになるという考え方が示されています。

行政組織において、デザインはどのように活用されるのでしょうか？　ベイソンは3つの行政の発展段階を紹介しています。1つ目は、伝統的な行政。次に、行政機能の一部が民営化する新しい公共。最後に、ベイソンが今一番注目するネットワーク型の行政・ガバナンスです。

(1) Bason, C. (2010). Leading Public Sector Innovation: Co-creating for a Better Society. Policy Press.

ネットワーク型の行政・ガバナンスは、行政や自治体だけが公共領域を担うのではなく、様々なステークホルダーがネットワーク的に関わるという考え方です。厄介な問題に取り囲まれた現代において、行政の課題と役割も日々変化します。ネットワーク型の行政・ガバナンスは、こうした変化に柔軟に対応し、全ての人にとって意味のある公共をつくっていくための新しい社会のあり方として注目されています。

■公共における新しいデザインの役割

本書の中では3つのデザインの側面として、公共におけるデザインの方法が紹介されています。それらは、「問題の領域を探索する（Exploring the Problem Space）」「オルタナティブなシナリオを形成する（Generating Alternative Scenarios）」「新しい実践を働きかける（Enacting New Practices）」という3つの要素です。これらは、この本で述べている共感・エンパシー、統合・シンセシス、試行・プロトタイプという考え方とも共通性があります。

最初の問題の領域を探索するという段階で活用されるのが、まさにフィールドワークを通じた共感・エンパシーの獲得です。公共に関わる当事者自らが現場に出向き、当事者と対話をすることで共感・エンパシーを獲得していきます。その共感・エンパシーの力は、その後のプロセスで現状を変える大きな原動力となっていくのです。

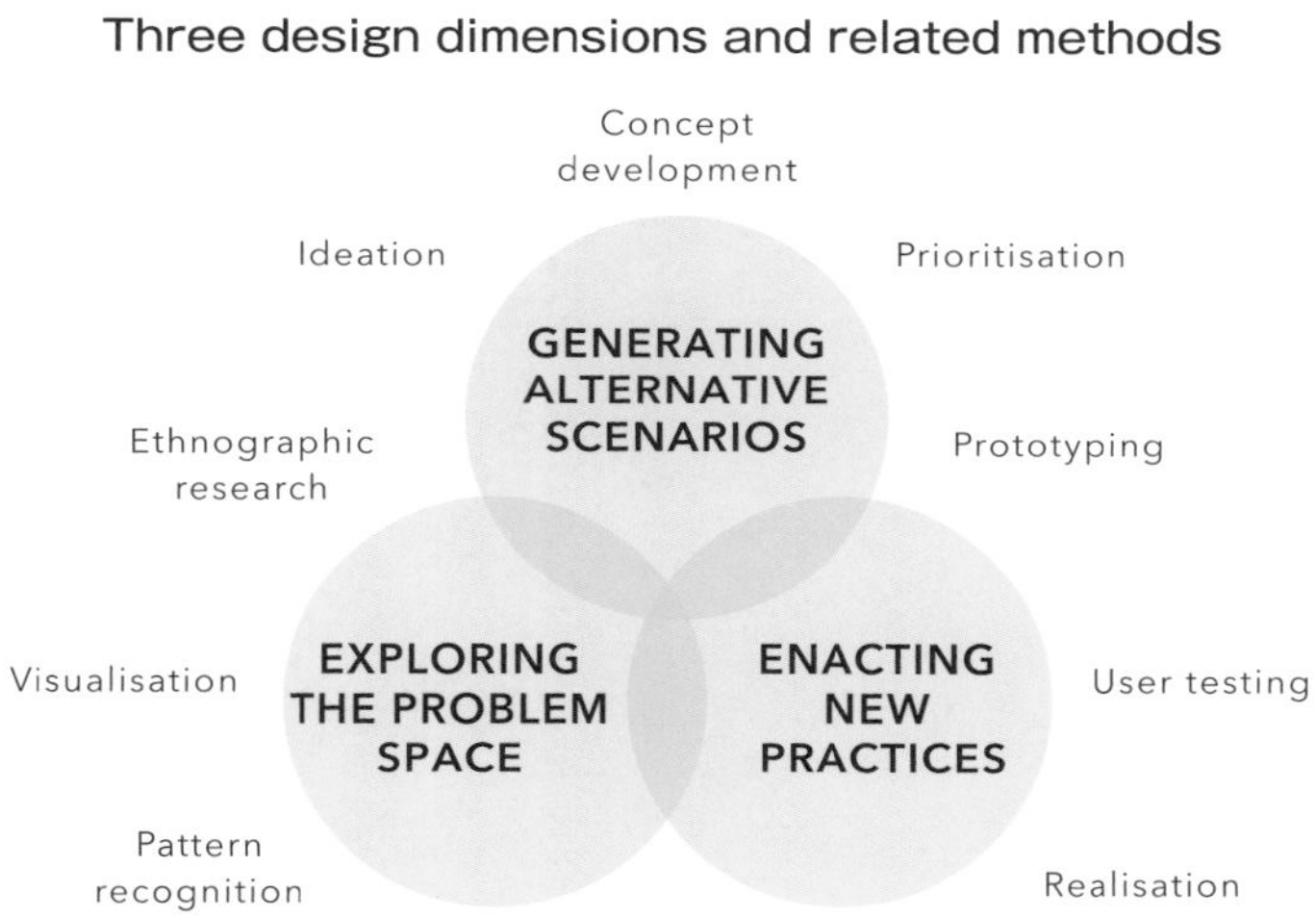

Christian Bason『Leading public design』p.82

オルタナティブなシナリオを生成するというところでは、デザイナーがファシリテーターとなって、多様なステークホルダーの対話を促し、新しい考え方を生み出していく姿が描かれています。まさに人々の間に入り込んでいって、組織と組織、人と人をつなぎ、新しい関係性を生み出すデザイナーの役割です。ここではデザイナーは、複雑で不確実な状況下で先が見えない環境において、ポジティブな未来を積極的に描くことが期待されています。

3番目の新しい実践を働きかけるというプロセスでは、行動することの大切さが述べられています。この本でも紹介している試行・プロトタイプの考え方と同様に、小さな実験を企画し、それをコミュニティの間で実践することによって、オルタナティブなシナリオが実際のものとなって社会に定着していくのです。

ベイソンが本書で描いたのは、20世紀的な官僚的な行政機構に対する、ヒューマンセンタードで市民中心の新しい公共を、デザインの力で切り開くという考え方です。これは大企業にも同じことが言えるのではないでしょうか。官僚的な大きな組織は、画一的な製品を効率的につくり、普及させていくためには適した存在でした。

一方で、行政組織も企業も、今直面しているのは不確実で先が見えない世界です。このような状況において、官僚組織の弊害が至る所に生じています。行政組織においても同様です。ベイソンは、長年にわたりパブリックセクターにおけるイノベーションを追求した結果、デザインの方法論を活用するという見解に行き着きました。官僚的な世界とデザインの世界は、時として軋轢を生じさせるものです。大切なのは、その軋轢の中から新しい変化の糸口を見つけるということなのです。

ベイソンは、本書の中でパブリックバリューという考え方に何度も言及しています。これまでの公共は、パブリックグッズ（公共財）を税金を集めてつくり、市民にそれらを効率よく展開することが使命でした。その結果、一部の公共サービスは、市民視点がなく使い勝手も悪い形式的なものになることもありました。これからの公共を考える上で、改めて市民にとっての価値とは何か、その価値は行政と市民がどのように共創できるのか、という議論が重要になります。

一見このことはビジネスと関係ないことのように見えるかもしれません。しかし、ビジネスも市民側の重要なステークホルダーの1つなのです。近年ビジネスとパブリックの境界線はますます曖昧になっています。ビジネスの方からもパブリック領域に積極的に働きかけることが期待されています。その時にビジネス組織においても、デザインの方法論が活用され、新しいパブリックを担っていくことが重要になってくるでしょう。

共感・エンパシー

CHAPTER 2

なぜ共感なのか？

デザインの行動の1つ目は共感・エンパシーです。「人間中心デザイン」「ヒューマンセンタードデザイン」というコンセプトにも現れているように、デザインの世界では人間を理解する、人に共感するということを大切にします。

エンパシーには、単に人の気持ちがわかるということを超えて、あたかもその人になったかのようにその人のことを理解するという意味があります。その人が自分に乗り移るという感覚で説明されることもあります。似たような言葉にシンパシーがありますが、デザインの文脈ではシンパシーよりもエンパシーの方がよく使われます。

ビジネスの世界において、共感・エンパシーということはどれほど真剣に考えられているでしょうか。顧客から声を聞く、顧客中心で考えるということは言われて久しいですが、顧客の気持ちが乗り移るまでの共感がビジネスに内包されているでしょうか。顧客は未だ消費者として認識されていて、モノを買ってくれる人、お金を払ってくれる人というだけの認識に留まっていないでしょうか。

デザインにおける共感・エンパシーは、真の意味で人に寄り添って考える、顧客起点で考えるということはどういうことかを今一度問いかけます。AIの普及によって、効率化の多くはAIが担うようになるでしょう。その先に問われるのは、ヒューマニズムやヒューマンタッチのあるビジネスが実現できるかです。共感とともに人間を人間として捉え、人間のための価値を本質的に捉えることがデザインには期待されています。

■ポスト工業化時代における、人に寄り添って考えることの大切さ

ビジネスにおいて、これまで人の気持ちを真ん中において活動するということが少なかったのはどうしてでしょうか。この背景には、工業化・産業化の影響があります。

ものづくりを例に取るとわかりやすいでしょう。工業化以前は、職人が使い手のことを考えながらものをつくっていました。時にはカスタムメイドのような形で、使い手と直接話をすることもできました。使い手の気持ちに寄り添うことが、作り手にも自然とできていました。

一方、工業化がもたらしたのは、大資本による大規模な生産設備と大量生産です。作り手は、高度な分業によって、効率的に画一的な製品をたくさんつくるかたちになりました。結果

として作り手と使い手の距離は遠くなり、作り手が使い手に想いを馳せることは少なくなってしまったのです。

こうした工業化の環境下において、一人ひとりの顧客に向き合うという考え方は非効率とみなされるようになりました。工業化時代の顧客は、大多数の誰かというマスターゲットだったのです。大きな顧客の群れを見つけられれば、顧客の気持ちに詳細に寄り添わなくてもものが売れた時代が続きました。

しかし、情報化の時代において、こうしたモデルは時代遅れになりつつあります。顧客は多様になり、ＳＮＳや動画メディアの台頭によって情報源も細分化されました。こうした状況において、顧客を機械的なマスターゲットとして認識することには限界が生じています。一人ひとりの顧客の気持ちに寄り添った価値をつくることが求められています。

この変化はビジネスだけではありません。公共や行政も同じです。これまでの公共は画一的な政策を、多くの人に効率的に届けることが重視されてきました。社会が複雑になり、市民が置かれている状況も多様になっている中で、こうしたモデルも転換点を迎えています。一人ひとりの状況に寄り添い、政策を立案し、公共サービスとして提供することが求められているのです。

こうした背景の中で、デザインの人に共感する力が、社会に貢献できるタイミングが訪れています。デザインは、人を深く理解し、そこを立脚点に考え行動する方法論なのです。

■ヒューマンセンタードで考える

広義のデザインは、ヒューマンセンタードデザインと呼ばれることがあります。ヒューマンセンタードは、日本語では「人間中心デザイン」と訳されることがあります。元の英語のニュアンスと違って聞こえるので注意が必要です。「人間中心」という言葉には、利己的な人間の姿を感じてしまいますが、「ヒューマンセンタード」には、ヒューマニズムにも通じる人を尊重するというニュアンスが込められています。

人間を人間として見ると聞くと、簡単なことのように思えますが、前述のように、ビジネスの世界では工業化の影響で失われてしまった感覚の1つです。工業化の時代、ものは大量に画一的につくられ、画一的な価値を全ての人が同様に感じるというモデルで考えられていました。このことから、ものごとは標準化され、効率化されることが優先的に考えられていたのです。

ヒューマンセンタードという考え方は、この考え方を批判的に捉えます。人間には一人ひとりの価値観があり、生活があり、人生がある。それを前提にした価値をデザインするという考え方です。

この考え方は、工業化の時代において、造形表現を中心に工業製品の価値をつくっていた時代のデザインとは異なるものです。広義のデザインの議論において、ヒューマンセンタードのアプローチが再び見直されているのはこうした背景によるものです。

人間中心デザインのもう1つの誤解は、ユーザーの言いなりでデザインをしているのではないかというものです。ヒューマンセンタードデザインの発展とともに、認識されるようになったデザイン思考のコンセプトも、時おりユーザーが求めていることを汲み取るだけの単純な方法論であり、イノベーションからは程遠いといった批判を受けることもあります。

しかし、これはヒューマンセンタードデザインの一元的な捉え方に過ぎません。ヒューマンセンタードデザインのコンセプトは、人間を人間として理解して、共感する。そして、自分もその人間の1人であり、社会を構成する一員として、人間にとってあるべき世界をともにつくるというニュアンスがあるのです。

ここで、ヒューマンセンタードデザインのこの先の展開にも触れておきたいと思います。今ヒューマンセンタードデザインは、環境に存在する人間以外の多様なアクターとどのように協調していけるかという議論に発展しています。これはサステナビリティが重視される時代において、人間のエゴだけで経済を発展させてきたことに対する反省から来るものです。

ヒューマンセンタードデザインに大きな影響を与えた人類学においても、マルチスピーシーズ人類学といって、人間以外の動物や非生命的なものまでも含めて多様な存在との関係性の中で、人間や社会のあり方を記述・考察するという領域の議論が盛んになっています。(1) 多様な存在との関係性の中で、人間の役割とは何か、どのような協調ができるのかが、サステナビリティ時代のヒューマンセンタードデザインの新たな展開です。

共感・エンパシーの感覚を身につける

広義のデザインにおいて、人に寄り添って考えることを体現するための最も重要なコンセプトが「共感・エンパシー」です。

共感を表す英語として、日本語ではシンパシーという言葉の方が親しみがあるかもしれません。デザインの世界では、シンパシーよりもエンパシーという言葉が好んで使われます。どちらも辞書を引くと共感という翻訳が出てくると思いますが、そのニュアンスは少し異なりま

(1) 奥野克巳、近藤祉秋、ナターシャ・ファイン編『モア・ザン・ヒューマン マルチスピーシーズ人類学と環境人文学』以文社、2021年／「マルチスピーシーズ人類学」『思想』2022年10月号、岩波書店、2022年

す。シンパシーは、どちらかというと同情というような感覚に近いものです。他の人に対して、そんな気持ちの人もいるかもしれないなと感じる力です。エンパシーは、もっと深く、その人の気持ちに入り込むというニュアンスがあります。あたかもその人になったかのような気持ちになることなのです。

デザインで言及されるエンパシーは、人の気持ちになるほどその人のことを理解するという文脈で用いられます。まさに人間中心・ヒューマンセンタードなアプローチの入口としての共感・エンパシーなのです。

デザインにおけるエンパシーは、単に他人のことを知ろうということに留まりません。他者との関係性を通じて、自分も変化するという実践が含まれています。他者のことを深く理解しながら、自分の中にある他者を見る目、さらには社会を見る目をアップデートしていくのです。

デザインでは、自分と背景も置かれた状況も異なる他者との接点が多くあります。私も高齢の方や働きながら子育てをする女性など、自分とは異なる境遇の方とリサーチの中で多く出会ってきました。その度に自分自身のそれまでの考え方が変わり、ものごとを見る目が多様になっていった経験があります。後に紹介する「複眼思考」を身につけるきっかけにもなったのです。

ブレイディみかこの『ぼくはイエローでホワイトで、ちょっとブルー』という書籍の中で、エンパシーのことが「他者の靴を履く感覚」として紹介されています。[2] ブレイディはイギリス在住で、中学生の子どもが学校の試験で『エンパシーとは何か』という問題に対して「自分で誰かの靴を履いてみること」と答えたというエピソードです。

ブレイディは、シンパシーは単なる感情であるのに対して、エンパシーは想像する力であり能力であると紹介しています。この話を読んで、デザインにおけるエンパシーの議論とも通ずるところがあると感じました。

書籍の中ではわずか4ページでしか触れられていないこのエンパシーの箇所に読者から多くの反響が寄せられたようです。それがきっかけとなり、エンパシーをテーマとして取り上げた『他者の靴を履く アナーキック・エンパシーのすすめ』が続編として出版されました。[3] エンパシーの話が、これほどまでに読者の関心となっていることが興味深いですし、希望を感じざるを得ません。

（2）ブレイディみかこ『ぼくはイエローでホワイトで、ちょっとブルー』新潮社、2019年
（3）ブレイディみかこ『他者の靴を履く アナーキック・エンパシーのすすめ』文藝春秋、2021年

複眼レンズでものごとを新しい角度から見る

他者の靴を履く感覚で共感・エンパシーを身につけるということには、どのような意義があるのでしょうか。創造やイノベーションの源泉の1つは、多様な視点でものごとを見るということです。これまでの常識に疑いを持ち、異なる角度から捉えることが、新しい発想につながります。

この本の中では、「複眼思考」という考え方を関連する書籍とともに紹介します。複眼思考とは、まさに様々な角度からものごとを見ることができる多様な視点を持つことを指します。複眼思考の対義語は単眼思考です。言い換えると、これまで通りの考え方を鵜呑みにするということです。

単眼思考では新しい着想を得ることは難しいのです。多様な視点を持つことによって、ものごとに対してこれまではこうだと言われていたけれども、実はそうではないのではないかという疑問を持つことができます。こうした疑問を持つ姿勢は批判的（critical）と言われます。批判的という日本語からは、意地悪なニュアンスを感じてしまいますが、そうではありません。建設的に異なる視点を投げかけるという意味があります。そのことによって、ものごとの新しい局面が見えるという効果があるのです。

共感・エンパシーは、多様な人の立場になることができるという点で、複眼思考を育てるために必要不可欠の力です。こんな人もいるのだなと思う程度のシンパシーではなくて、あたかもその人の気持ちになってしまうようなエンパシーの感覚があるからこそ、多様な人の立場に立って考えることができるようになります。

これまでのビジネスの世界で、複眼思考が明示的に求められることは少なかったのではないでしょうか。それはこれまでのビジネスが、従来の枠組みの中で最適化することに注力してきたからだと言えます。一方で、イノベーションや新しいものごとをつくるためには、従来のやり方を見直さなければいけません。そのために活用されるのが複眼思考による多様性なのです。

近年この多様性が急速に注目されています。その背景の1つは、ダイバーシティ&インクルージョン（多様性と包摂性）に対する関心の高まりです。企業の社会的な責任という背景で注目されています。ダイバーシティ&インクルージョンに積極的に取り組んだ企業には多様性が生まれ、その結果イノベーションが生まれやすくなるという効果もあります。まさに、多様な人の集団が、組織としての複眼思考を作り出していると言えます。

■定量アプローチの限界と定性アプローチの可能性

デザインにおいて、こうした共感やエンパシーを得ることを目的に、人や文脈を理解するために用いられるのが、定性的な調査のアプローチです。定性的な調査とは、フィールドワークや観察、インタビューといった手法です。定性調査によって、人を人として理解し、寄り添うことで共感・エンパシーを獲得します。

定性調査の対義語は定量調査です。定量調査は計測データや統計データ、アンケートのデータなどの、数値に置き換えることができるデータです。一方、定性データは、インタビューの録音やインタビューや観察の写真や動画など、数値に置き換えることができないテキストやビジュアルによる記録です。

これまでビジネスの世界では、定量的なアプローチが重視されてきました。定性データよりも定量データの方が、ものごとを理解する上で代表性や一般性があるとされてきました。

なぜデザインでは、一見説明力が弱いと見える定性データが重視されるのでしょうか。それは、定量データだけでは人の気持ちに寄り添うための理解や解釈が難しいからです。定量データは統計処理され、そのデータの対象となった人がどんな人でどんな気持ちだったのかという情報が抜け落ちてしまいます。定量調査では、人を人としてヒューマニズムとともに理解することが難しいのです。

定性調査では、一人の人と向き合い、その人がどんな人でどんな状況で、どんな気持ちを持っていたかを克明に記録に残すことができます。インタビューや観察の結果を見れば、見た人は心を動かされます。共感・エンパシーを得ることを目的として調査に取り組むのであれば、対象となった人の存在に心が動かされるまでその人のことを理解する必要があるのです。

ここまで読むと、そんな面倒なことをいちいちやっていられないと思われる方もいるかもしれません。必ずしも全ての理解のプロセスを定性調査にする必要はありません。共感・エンパシーから、複眼思考や批判的な思考の機会を見出すために、一部でも定性アプローチに変えていけるといいのではないでしょうか。

新たな視点を獲得し成長するためのフィールドワーク

デザインでは、共感を得るためにものごとが起こっている現場に自ら赴いていくフィールドワークが重視されます。ものごとや対象のことを理解するためには、オフィスや家で、パソコンやインターネットを使って調べ物をするという手段もあるかもしれません。しかし、デザインはオフィスや家での調べ物だけでは不十分だと考えます。

フィールドワークとは、オフィスや家を離れて、実際の現場に実際に行って、人に会ったり、話を聞いたり、観察をしたり、体験をしたりすることです。オフィスや家では得ることができない、豊かな情報と経験を得ることができるのが最大のポイントです。

フィールドワークにおいて大切なのは、能動的な関わりです。自ら行動し、アポイントメントを取り、人に会って話を聞き、そこからまた別の人を紹介してもらう。これまで行ったことがないような場所に赴き、歩きまわって写真を撮り、観察する。こうした一連の行動は数あるリサーチの手法の中で最も自らのコミットメントが求められるものです。何のためにそこまで行動するのでしょうか？　それは対象に対して、共感・エンパシーを得て、自分自身を変えていくためなのです。受動的な方法ではなかなか自分を変えることは難しいのです。能動的な方法だからこそ、そこには主体としての自分の存在が問われます。自分は何者なのか？　を常に更新し続けることが、自身の視点を養うことにつながります。

そんな難しいことを言われても実践できないよ、と感じられた方もいるかもしれません。実は、われわれは日常的にフィールドワークに近いことを行っているのです、しかも楽しみながら。それは後でも詳しく触れますが、旅です。フィールドワークとは旅のようなものです。旅行に行く時、皆さんも行ったことがないところに行き、現地の人と触れ合って、触発されますよね。特に海外旅行のような普段の環境と異なる旅先を訪れた時には、自分のものの見方が変わったような気にならないでしょうか。こうした旅の特徴は、フィールドワークの効果と共通しています。

フィールドワークを実践する

フィールドワークには様々な形式があります。この本では、いくつかの書籍を紹介しながら、基本的なフィールドワークのやり方を示していきます。観察やインタビュー、滞在型のフィールドワークなどです。比較的簡単に始められるものから、ちょっと気合を入れていかなければならないものまであります。

いきなり大規模なフィールドワークに行かなくても、日常の中でちょっとした観察を行うことや、人に話を聞いてみること、普段は行かないところに行ってみることなども小さなフィールドワークと考えることができます。まずは、こうしたところから始めてみるのもよいでしょう。

大切なのは、デザイン筋トレ論のところでも述べたように、それを意識して行うかどうか、デザインの筋肉を鍛えていると意識するかどうかです。フィールドワークは旅と似ているという話をしましたが、漫然と観光旅行に行っているだけではフィールドワークにはなりません。

今この方法を実践しているのだということを少しでも意識することが、その方法論を身につけるきっかけになります。この本の内容をガイドとして、日常の中や普段の仕事の中にフィールドワークの要素を取り入れてみましょう。

■観察

観察とは、英語では「オブザベーション（observation）」と言います。オブザベーションの語源には、近づいて見るという意味があります。漫然とものごとを見るのではなく、注意深く見ようということです。

実はわれわれは、普段いろいろなものを見ながら、多くのことを気に留めずに生活しています。生活する中で、全てのことにいちいち驚いていたら大変ですよね。だから脳は気にしなくてもよい情報をどんどん切り捨てて処理しているのです。改めて意識して注意深くものごとを観察することによって、多くのことを見逃していることに気づくことができます。

「フライ・オン・ザ・ウォール」という観察のワークショップがあります。「フライ・オン・ザ・ウォール」とは、壁に止まったハエという意味です。壁に止まったハエのように1つの場所に留まって、目の前で起こっていることを観察して記述するというワークショップです。

駅前など人通りの多い場所を見つけて、10分や15分といった短い時間でいいのでじっと佇んで、目の前に広がっている様子を見てみてください。よく似た服を着てる人が多いな、あの人何をしてるんだろうといったように、普段歩いている中では見逃していた新しい発見があるはずです。

こうしたことを100年近く前にやっていた人がいます。考現学という言葉を発明した今和次郎です。今は建築の研究者でした。最初の頃は、地方の民家や人の生活を民俗学的に研究していました。東京の都市文化が発達すると、今の関心は都市に向かいました。銀座の街中を行き来する人々の見た目や行動を観察し、それをフィールドノートに書き留めたのです。それらを、考古学ならぬ考現学という言葉で表しました。[4] 生き生きとした人々の生活の姿には、今見てもはっとさせられるリアリティがあります。

インタビュー

観察を何件か経験したら、その次はインタビューをやってみるのがいいでしょう。インタビューというのは、人の話を聞くというシンプルなことです。これもデザイン筋トレ論と同じです。漫然と人の話を聞くだけではデザインの筋肉はつきません。デザイン流のインタビューを意識しながらやってみましょう。

インタビューとおしゃべりの大きな違いは、インタビューには目的があるということです。一方で、その目的を前面に出しすぎると、相手の本音が聞き出せないという矛盾もあります。カジュアルな状況で相手にリラックスしてもらいながら、こちらが聞きたいことを聞いていくのがポイントです。

さらに言えば、こちらが聞きたいことを尋ねるだけでは、成功したインタビューとは言えません。なぜなら、そこには予定調和しかないからです。本当にいいインタビューには、意外性のある発見が求められるのです。そのために、インタビューでは隙や余白を残しておく必要があります。

マーケティングリサーチの世界で、グループ・インタビュー、もしくはフォーカス・グループ・インタビューというインタビュー調査を経験された方も多いかもしれません。円卓を取り囲むスタイルのインタビュー会場に何人かの対象者に来てもらって、モデレーターの司会のもと話を聞くというものです。

私も20代の頃、マーケティングの実務の現場で、たくさんのグループ・インタビューを経験しました。グループ・インタビューでは、多くの場合において、質問内容が予め詳細に決められています。こうした方法ではこちらの期待したことを聞けるというメリットはありますが、想定外の答えが返ってくるということにつながりにくいのです。

グループインタビューでは質問項目がインタビューフローとして整理され、何ページにもわたって分刻みに決められています。一方、デザインのインタビューでは、インタビューフローというよりはインタビューガイドとして、聞きたいことを大まかにリストアップしたものを手元に進めます。インタビューガイドはあくまでガイドであって、時として話が脇に逸れたり、新しい話題が出てくることを許容する趣旨があります。

(4) 今和次郎著、藤森照信編『考現学入門』筑摩書房、1987年

学術的な研究におけるインタビューは、聞くことが明確に決まっている構造化インタビュー、緩やかに決まっている半構造化インタビュー、聞くことを予め決めない非構造化インタビューという3つの段階が知られています。デザインのインタビューは、半構造化インタビューに近い形式です。ある程度の意図を持ちながら質問しつつ、想定外の回答を積極的に受け入れる方法です。

■ 滞在型フィールドワーク

インタビューを何件か行って人の話を聞くことに慣れてきたら、次は現場に出向いて行って、人々の生活に交わる滞在型のフィールドワークを行ってみましょう。

こうした滞在型のフィールドワークは、文化人類学で行われるエスノグラフィーからインスピレーションを受けて、エスノグラフィックリサーチと言われることもあります。エスノグラフィーとは、文化人類学者が長期にわたって特定の文化に入り込み、観察やインタビューを行い、その様子をエスノグラフィーと呼ばれる記述にまとめるという方法です。

デザインのフィールドワークにおいて、1年や2年といった長期滞在をするのは難しいですが、対象となる現場に何度も足を運ぶ形であれば、そのコミュニティの一員となりながらリサーチを行うことも可能です。滞在型のリサーチの最大のメリットは、滞在先の文化や慣習などをその文化の文脈とともに理解できるということです。

滞在型のフィールドワークは、旅のような感覚で実施することもできます。皆さん休みの日に旅行に行くと、いろいろなものが新鮮に見えて、現地の人と話をしたりして、インスピレーションを受けますよね。それと同様のことを滞在型リサーチとして、ビジネスの現場でも行うことができます。

以前クライアントを連れて、アメリカのサンフランシスコ周辺のベイエリアで滞在型のフィールドワークを行ったことがあります。ベイエリアは、テクノロジーも興味深いのですが、食やスポーツ、ワークスタイルといった分野でも新しい文化が先進的に見られる場所でもあります。現地にチームで赴いて、人の話を聞いたり、実際に体験してみたりして新たなインスピレーションを得ていました。

よく視察という名目で先進地域を見に行くことがあるかもしれません。大切なのは見て帰ってくるのではなく、その場で見たものを解釈し定着させるということです。私が行っていた滞在型フィールドワークでは見るだけではなく、見たことを解釈する時間を設けていました。例えば5日間の予定であれば、5日目はワークショップの時間に当てて、見聞きしたものを棚卸しして、どのような解釈や意味が発見できるかのディスカッションを行っていました。

2-1

ユーザー中心デザイン

『誰のためのデザイン？
――認知科学者のデザイン原論』

ドナルド・A・ノーマン著、野島久雄訳
新曜社、1990年

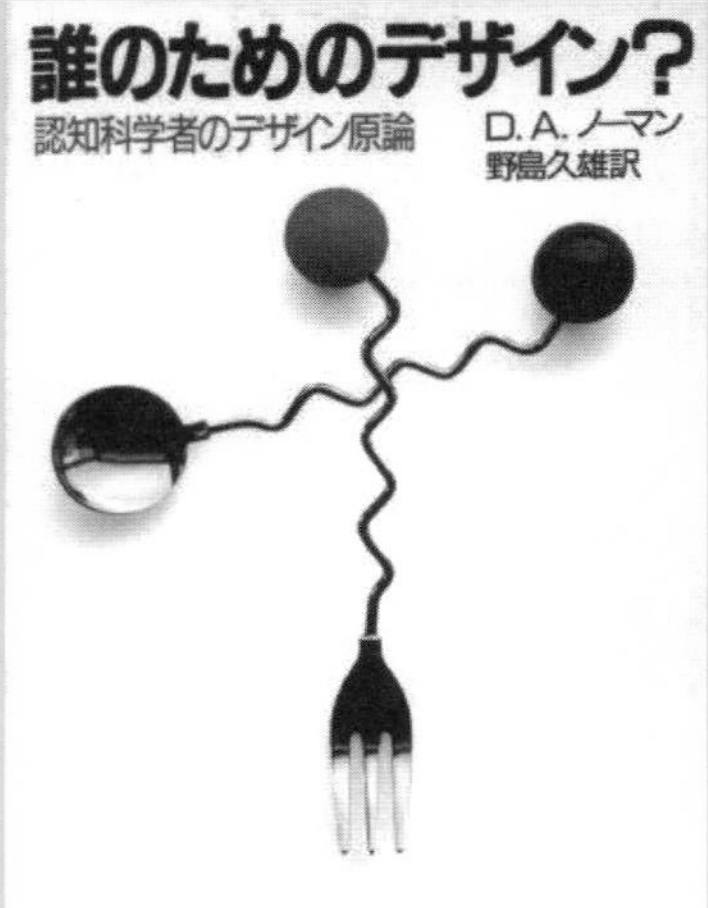

ユーザー中心デザインの世界を切り開いたパイオニア

パソコンやスマートフォンは使いこなせるのに、炊飯器やオーブントースターの操作に戸惑った経験はないでしょうか。本書の冒頭では当時の最先端のIT企業であったDECの社長ケネス・オルソンが、株主総会で会社の電子レンジを使ってコーヒーを温める方法がわからなかったと語ったというエピソードが紹介されています。

なぜそんなことが起きてしまうのでしょう。それは電子レンジが作り手目線のみでつくられていたからです。作り手目線では理にかなっていることも、使い手目線では直感的な操作とは程遠いということがよくあります。

本書は、使い手であるユーザーの視点でデザインするとはどういうことかに向き合った、ユーザー中心デザインの歴史的な名著です。原著の出版年は1988年、以来途中で増補・改訂版となりながら、長くデザインの実務家と研究者に読み継がれています。増補改訂版で一部内容が新しくなっていますが、ここでは最初の版の内容を中心に紹介します。

本書の著者であるドナルド・ノーマンは、アメリカの認知科学者です。コンピューターサイエンスと心理学のバックグラウンドを持った、ヒューマンインターフェイスやユーザビリティのパイオニアでもあります。この本は、長い間書きたいと思っていた本であるとノーマンは前書きの冒頭で述べています。

ノーマン自身も道具の使い方がわからなかったり、ドアをうまく開けられなかったりした経験があったと言います。その都度、自分に問題があるんじゃないかと思ってきましたが、ある時これはデザイン側の問題だと気づいたのです。

本書の原題は「The Psychology of Everyday Things（日常のもののための心理学）」です。日常のデザインの問題に、あ著者の専門である心理学の考え方を適用しようという試みが結集した書籍です。

ユーザー中心デザインの基本概念

ユーザー中心デザインは、人間中心デザイン（ヒューマンセンタードデザイン）やUX（ユーザエクスペリエンス）デザインにもつながっていった概念です。本書で取り上げられた後、デザインの世界では継続的に議論されている重要な概念の1つです。

ノーマンが本書を書いた時は、インターネットはおろか、PCの一般利用もこれからという時代でした。ハードウェアの使い勝手を念頭において考えられたユーザー中心デザインの考え方は、その後のPCやスマートフォンのソフトウェアの時代にその重要性を高めています。

本書では、ユーザー中心デザインの重要な概念が提唱されています。そのうちのいくつかを紹介しましょう。最初に紹介するのは、本書の初版においては「アフォーダンス」として、そして増補・改訂版においては「シグニファイア」として紹介された概念です。

アフォーダンスとは、心理学者のジェームズ・ギブソンによって提唱された、動物と物の間に存在する行為の関係性について述べた概念です。ノーマンはこのアフォーダンスを、「事物の知覚された特徴あるいは現実の特徴、とりわけ、そのものをどのように使うことができるかを決定する最も基礎的な特徴」と捉えました。

例えばドアのことを考えてみましょう。ドアにノブがついていれば、それは回すという操作をするものだと認識することができます。一方、ドアにノブはなく、板状のバーがついていれば、それは引くのではなく、押すという操作が必要になるという認識が想起されます。

このように、ドアに備わった形状において、そのドアに対してどのような行為が適切なのかが誘発されているのです。

ノーマンは、このような行為を誘発するものの特徴をアフォーダンスと捉えました。冒頭のDECのケネス・オルソンの例で言えば、彼が使おうとした電子レンジにはアフォーダンスが十分に備わっていなかったということになります。

ギブソンが提唱したもともとのアフォーダンスは、デザインの対象というよりは全てモノに備わった特徴という意図がありました。そのためノーマンは、2002年に出版された本書の増補・改訂版では、ギブソンの定義と区別するために、初版においてアフォーダンスとしていたものを、改めてシグニファイアという概念で説明しました。

次に紹介するのは、可視性と対応付けという考え方です。可視性は、操作するために重要な部分は目に見えなければならないという考え方です。対応付けというのは、どの部分がどの操作に対応しているかが明確であるということです。

ノーマンは、この可視性と対応付けが優れたデザインの例として、自動車の座席の形状をしたシートポジション調整スイッチの例を示しています。このスイッチは整然と並べられたものではなく、あえて座席の形状に似せて配置されています。そのため、どのスイッチが、座席のどの部分の操作と対応しているかが直感的に把握できます。

もう1つの考え方は、概念モデルです。概念モデルとは、ユーザーがものを使う時に思い浮かべる仕組みのモデルのことです。ものがどのように機能するかの手がかりとなるものです。人がものを使う時、人が持つ概念モデルと、実際のものの概念モデルが合致するかどうかでもものの使い勝手が決まります。

本書では、どうしても操作がうまくいかない冷蔵庫の例が紹介されています。ユーザーは、通常冷蔵庫と冷凍庫には、それぞれ別のセンサーとスイッチがあるという概念モデルを想定します。ところが、この冷蔵庫はそ、れとは全く異なる仕組みが背後にあったため、ユーザーの概念モデルと合致せず、操作が思い通りにならなかったというストーリーです。よい概念モデルがあると、ユーザーは行為の結果を容易に予測することができるようになります。

ビジネスの成否を左右するユーザー中心デザイン

ノーマンのこうした考え方は、その後のユーザー中心デザインの方向性を形作ることに貢献しました。こうした領域はその後、製品の使い勝手を向上させるユーザビリティや、ユーザーの体験をデザインするUXデザインとして現代のビジネスにも活用されています。デジタル時代において、その役割はますます高まっていると言えるでしょう。

皆さんが日常的に使っているLINEは2011年にリリースされた後、急速に普及しました。その普及の背景は使い勝手のよさでした。ユーザー中心デザインが徹底されたことが普及につながったと言えるでしょう。

LINE登場以前、メッセンジャーアプリは数多くありました。LINEは連絡先の登録が簡単だったり、サクサク動くといった使い勝手が評価され、大きな普及につながっていったのです。このようにユーザー中心デザインは、ビジネスの成果に大きな影響を与えるようになりました。

ユーザー中心デザインの世界を通じて、ノーマンがわれわれに教えてくれるのは、人の気持ちを理解することの大切さです。ノーマンは心理学や認知科学を背景にユーザー中心デザインの世界を提唱しました。

社会の主体は人であり、機械やシステムは人の活動を支援するためにある、決してその逆ではないということを改めて教えてくれます。人がいかに快適で心地よく豊かな生活を送れるのか、そのためにシステムや機械はどのような形であるべきかということです。

ノーマンが本書を書いた1980年代の後半には、インターネットですら一般的に使われていませんでした。ノーマンのユーザー中心デザインの考え方は、スマートフォンやAIに囲まれた現代の生活や社会にも十分通じるものであることがわかります。本書が持っている人間理解の普遍性を示していると言えます。

ユーザー中心デザインは、その後人間中心デザイン（ヒューマンセンタードデザイン）へと概念を拡張させていきました。

ユーザー中心デザインは本書で見てきたように、提唱当初はユーザーにとっての物理的な使い勝手を中心とした概念でした。その後、ユーザーの価値観や生活にまでユーザーへの理解を深め、それを前提としたデザインが必要だという考え方に発展していきます。観察を通じて得られた人への共感からデザインを始めるという考え方も、これに通じるものがあります。

ノーマンもこの流れを受けて、本書の増補改訂版ではユーザー中心デザインという言葉の多くを人間中心デザインに置き換えています。(1) 増補改訂版では新たにデザイン思考という章を設け、初版のユーザー中心デザインの考え方と、その後発展したデザイン思考の考え方を接続しています。ユーザー中心デザインは、ユーザーの使い勝手という領域を発展させて、人間にとってよいデザインのあり方という領域に概念を拡張していきました。

(1) D.A.ノーマン著、岡本明、安村通晃、伊賀聡一郎、野島久雄訳『誰のためのデザイン？ 増補・改訂版―認知科学者のデザイン原論』新曜社、2015年

2-2

フィールドワーク

『フィールドワーク
——書を持って街へ出よう 増訂版』

佐藤郁哉著

新曜社、2006年

クリエイティブな組織が大切にするフィールドワーク

通常のビジネスの組織とクリエイティブな組織の大きな違いの1つが、フィールドワークを実践しているかどうかです。フィールドワークとは、ものごとが起きている現場に出向いて、その当事者である人々に対してインタビューや観察などを行うことです。

デザインの世界では、このフィールドワークをとても大切にします。フィールドワークを通じて得られたインスピレーションをもとに、アイデアやコンセプトを作っていくのです。デザインの世界で行われるフィールドワークとしては、当事者に対するインタビューや、当事者が活動する現場に出向いていって観察やインタビューを行うエスノグラフィックリサーチなどがあります。これらは、デザインのためのリサーチという意味で、デザインリサーチと呼ばれることもあります。従来のビジネスの世界で行われているマーケティングリサーチと対比される概念です。

デザインリサーチの目的は、一般的な情報を得たり、すでに持っている仮説を検証したりすることではありません。まだ誰も気づいていない新たな視点を発見し、仮説そのものを構築するために行われます。マーケティングリサーチは仮説検証型であるのに対して、フィールドワークに代表されるデザインリサーチは、仮説発見型のリサーチと捉えることもできます。

本書は、社会学を専門とする佐藤郁哉によって書かれたフィールドワークの入門書の古典です。1992年に初版が出版されて以来、途中で増訂版として改訂され、約30年間にわたって主に社会科学を学ぶ学生や研究者の間で読み継がれてきました。

佐藤は社会学を専門としながら、長く大学の商学部で教育や研究に従事しています。そういう観点では、本書はフィールドワークの入門書であり、かつビジネスバックグラウンドの読者の方にも読みやすい語り口となっています。

本書の構成は、第1部「フィールドワークとは何か?」、第2部「フィールドワークの論理」、第3部「フィールドワークの実際」、第4部「ハードウェアとソフトウェア」となっています。まさに、理論から実践に至るまで幅広くフィールドワークの基本的な考え方が紹介された定番の入門書です。

部分ではなく、全体として対象を理解する

いくつか鍵となるフィールドワークの概念を紹介しましょう。

最初に紹介するのはエスノグラフィーです。エスノグラフィーとは、別名民族誌とも言われ

ます。文化人類学者がフィールドに出向き、住民とともに長期滞在をしながら、そこで見聞きしたものを詳細に記述したもののことを指します。

こうしたアプローチは、参与観察という名前でも知られています。対象となる社会に実際に参加しながら観察を行うという意味です。

エスノグラフィーという概念はその後、民族誌学的なアプローチという意味で広く捉えられ、書かれたものだけでなく調査の方法や調査のプロセスそのものも指すようになりました。エスノグラフィーの手法は、デザインやビジネスの領域でも活用されるようになりました。人類学のエスノグラフィーのような長期間の滞在は、時間やコストの関係から難しい側面もありますが、フィールドに出向き、参与観察のアプローチで対象を深く理解するということは、仮説発見の方法として普及し始めています。

次に紹介するのは、フィールドワークは全体を理解するアプローチであるということです。フィールドワークの特徴は、現場で起こっていることを深く理解するために、様々なアプローチを組み合わせることです。質的なデータだけではなく、時には量的なデータも活用しながら分析を行っていくこともあります。こうした態度は、トライアンギュレーション（方法論的複眼）と呼ばれています。まさに複眼的思考でものごとを多角的に見ることで、豊かな意味の解釈が可能になるという考え方です。

フィールドにおける人々の行動や社会の仕組みには、時として矛盾や非一貫性が潜んでいることがあります。フィールドワークのアプローチでは、これらを性急に単純化したり、過度に抽象化したりして切り捨てるのではなく、様々な角度から理解を試みることで全体的にものごとを把握します。部分に分解していくのではなく、全体的にものごとを理解するこのアプローチはデザインと親和性が高いものです。

本書では、叩き上げ式というちょっと変わった概念も紹介されています。世の中で一般的に科学と呼ばれているものは、まず理論があり、理論に基づいた仮説があり、その仮説を検証するために調査が行われるというアプローチです。こうしたアプローチは、学問の世界では実証主義と呼ばれています。

一方でフィールドワークが得意とするのは、理論の検証ではなく、理論そのものを発見したり生成したりすることです。本書ではそれらのアプローチを叩き上げ式と呼んでいます。解釈的アプローチと呼ばれることもあります。

■フィールドでの解釈から新しい意味を発見する

ビジネスの世界では、定量的なデータに基づいた実証主義型のアプローチが、重視される傾向にあるのではないでしょうか？　アカデミアの世界でも、フィールドワークのようなアプローチは、客観性に欠けるのではないかという指摘が長くありました。

一方で、実証主義に対して、その客観性は、扱いやすい定量データをもとにした狭い範囲でのものでしかないのではないかという批判も起こりました。結果として、実証主義的なアプローチとともに、フィールドワークに代表される、解釈的アプローチの両方がお互い補完しながら両立するようになりました。

ビジネスの世界は、まだ客観主義一本足だと言えるかもしれません。インタビューや観察などの質的データは、人々の行為が持つ社会文化的な意味を読み取ることに適しています。質的データを解釈することは、この本で後ほど取り上げる新しい意味の生成のための方法として親和性が高いものです。

意味の生成という観点で、分厚い記述という概念も紹介したいと思います。分厚い記述という概念は、アメリカの人類学者クリフォード・ギアツが、エスノグラフィーにおける記述の意義について表した言葉です。[1]

分厚い記述について1つ苦い思い出があります。アメリカのデザインスクールに留学していた時、「ユーザーを観察する（Observing Users）」という授業を受けていました。授業の中で、分厚い記述でレポートを書くようにという課題がありました。

当時の私は単に長い記述を書けばいいのかと思い、頑張って英語の長いレポートを提出しました。ところが、そのレポートの評価は全くよくなかったのです。

人類学が定義する分厚い記述とは、単に起こったことを書き取るだけではなく、その中に含まれる意味を解釈して読み取り、解釈を書き留めていくということだったのです。私の提出したレポートは、出来事が記述してあるだけで意味の解釈はほとんどありませんでした。

このようにフィールドワークは、ものごとの解釈や意味を得るための重要なリサーチ手法です。自らフィールドに向き合い、インタビューや観察などの質的アプローチを使って、全体的な意味や解釈を叩き上げる。このような実践を日常的にできているビジネス組織はまだまだ少ないと思います。

一方で、グローバル企業に目を向けると、定量的アプローチに加えて、フィールドワーク的な定性的アプローチの活用が近年進んでいます。中には自社組織の中にエスノグラフィーの専門家がいる企業もあります。還元主義とも言われる部分の集合ではなかなかものごとの本質が見えてこない時、叩き上げの解釈からものごとを全体的に理解する方法論が、ビジネス組織にも求められています。

(1) Geertz, C. (1973). Thick Description: Toward an Interpretive Theory of Culture, The Interpretation of Cultures: Selected Essays, Basic Books.

2-3

オブザベーション

『考えなしの行動？』

ジェーン・フルトン・スーリ、IDEO著、森博嗣訳
太田出版、2009年

■深い理解のツールとしての観察

ヒューマンセンタードデザインを進めるために鍵となる方法が観察です。観察と日本語で言うと、理科の授業の観察を思い浮かべるかもしれません。デザインの世界では、それとは少し異なる意味で観察という概念が使われます。

観察は、英語ではオブザベーションといいます。オブザベーションの語源には、近寄ってよく見るという意味があります。デザインの世界の観察は、対象をよく見て、深く理解し、インスピレーションを得るための方法として活用されています。

よく見るなんて言われなくても見逃しているものなんてないよ、と思われるかもしれません。

本当にわれわれは普段から全てのものが見えているのでしょうか？　私がよく行う観察のワークショップがあります。このワークショップでは、強制的に普段見ていなかったものに注目する仕掛けがあります。多くの参加者は、普段の生活の中でも見逃しているものがたくさんあることに驚きます。

本書が改めて気づかせてくれるのは、注意深く世の中を見ることによって、われわれが気づいていないことが実はたくさんあるということです。しかも注意深く観察することで得られる気づきは、発想のための大きなインスピレーションになることを教えてくれます。

著者のジェーン・フルトン・スーリは、デザイン会社IDEOの初期のメンバーです。スーリはIDEOにおいて、人間を理解するスペシャリストであるヒューマンファクターという職能を確立させた第一人者です。イギリスで心理学と建築を学んだ後、黎明期のIDEOに参加します。

当時のIDEOはプロダクトデザインを中心に活動していました。メンバーの多くはプロダクトデザイナーやエンジニアたちでした。そんな中で、彼女は心理学の専門家として、形状のデザインを検討する前の段階において、ユーザーを深く理解することに貢献していました。

本書が英語で出版されたのは2005年です。日本語は2009年に出版されました。それから随分と時間が経ち、本書で紹介されている写真の中には古く感じるものもあるかもしれません。しかし、それらの多くは今もわれわれが人間として共感できるものです。本書が示しているのは、人間の行動を理解することの本質的な側面です。それが本書が長く読み続けられている背景でもあります。

思わずしてしまう行動に新しい視点のヒントがある

本書の『考えなしの行動?(Thoughtless Acts?)』は、人間が何気なく行ってしまう行動を観察したものを集めたものです。いくつか代表的なものを紹介してみましょう。皆さんも、ああこれ確かにやったことあるなとか、見たことあるなと思うものが多いのではないかと思います。

例えば、「車の上にコップ」というページでは、飲み物が入った紙コップを車の屋根の上に一時的に置いて車の鍵を開ける男性の姿が紹介されています。車の屋根の上は決して物を置いたりする場所ではありませんが、人間の本能的な行動としてこのような行動を取ってしまうことは、皆さんも思い当たるところがあるのではないでしょうか。

「雑音の遮蔽」というページでは、携帯電話を片手にした女性が駅の柱と壁の間にできた隙間に寄り添って電話をしている様子が紹介されています。皆さんも電話をしている時、知らず知らずのうちに狭いところに体が移動してしまった経験を持っている人も多いのではないでしょうか。そんな知らず知らずの行動が注意深く観察されています。

後に実際に商品やサービスになったものを、彷彿させる観察の様子も記録されています。例えば「捻り潰す」というページでは、飲み終わったペットボトルをクシャクシャに潰している様子が紹介されています。これも思い当たるところがありますね。飲んだ後に潰すことができる、環境を意識したペットボトル飲料は実際の商品にもなりました。

別のページでは、当時はまだ空港にたくさんあった公衆電話のブースの前の狭いスペースを使って、スーツケースを椅子にしながらノートパソコンを操作している男性の姿の写真があります。その後はどうなったでしょう。公衆電話のスペースはむしろほとんどなくなり、空港には当たり前のようにパソコンを操作する小さなテーブルが置かれるようになりました。

これらの観察の例が示すのは、デザインの初期のプロセスにおいて、新しい視点を獲得することが大切だということです。飲み終わった後のペットボトルをクシャクシャにしてもいいのではないか、空港の中にノートパソコンを操作するスペースがあってもいいのではないか、という新たな問いが新しいものを生み出すきっかけになります。

こうしたこれまでにない新しい視点の多くは、日常風景を注意深く観察することから得ることができるのです。イノベーションのきっかけが目の前にたくさんあるのに、われわれは普段の生活において、多くのことを見逃しています。だからこそ、視点を観察モードに切り替えて、注意深く世の中を見る必要があるのです。これがデザインが観察を大切にする一番の理由です。

観察の専門家がイノベーションを牽引する

実は、以前のデザインのプロセスでは、こうした人間に対する観察は積極的に行われていませんでした。デザイナー自身のこれまでの経験に基づいて発案をするというプロセスが一般的でした。

IDEOがデザイン組織として先進的だったのは、そうしたデザイナーの属人的な経験だけに頼るのではなく、人間を理解するというプロセスを導入したことです。IDEOでは、スーリのようなヒューマンファクターのスペシャリストが、こうした人間理解に大きな貢献をしました。IDEOではヒューマンファクターと呼ばれていたリサーチの専門職は、デザインリサーチャーやエスノグラファーとも呼ばれ、多くのデザイン組織で採用されるようになりました。

日本のビジネス組織において、観察は十分に活用されているでしょうか。ビジネスにおけるリサーチの多くは、今も定量的なものがほとんどです。観察などのいわゆる定性的なアプローチは、サンプル数が少なく代表性に欠ける、時間とコストがかかるといった意見もあります。

一方、人間・顧客・ユーザーを深く理解したところに立脚する共感・エンパシーの世界では、観察に代表される定性アプローチが必要不可欠です。統計的に処理された数字だけでは、人間を深く理解することは難しいのです。世界のビジネスはこうしたことに気がつき、しばらく前から定性アプローチに長けたリサーチャーを組織に採用するようになりました。

日本企業でもこうした動きは始まっています。IT企業の中には、UXリサーチャーのような専門家が所属していて、よりよいデジタルプロダクトをつくるためにユーザー調査に従事しています。UXリサーチャーは、ユーザーがプロダクトを使うところを観察して、使い勝手の悪さや潜在的なニーズを探っています。

企業の中には、潜在的なニーズを探索するために、ユーザーの行動観察からヒントを得ようとしているところもあります。時間やコストをかけてでも、こうした手法を組織に取り入れることで、イノベーションや新しい事業機会を探索する動きが広がりを見せています。

2-4

複眼思考

『知的複眼思考法――
誰でも持っている創造力のスイッチ』

苅谷剛彦著

講談社、2002年

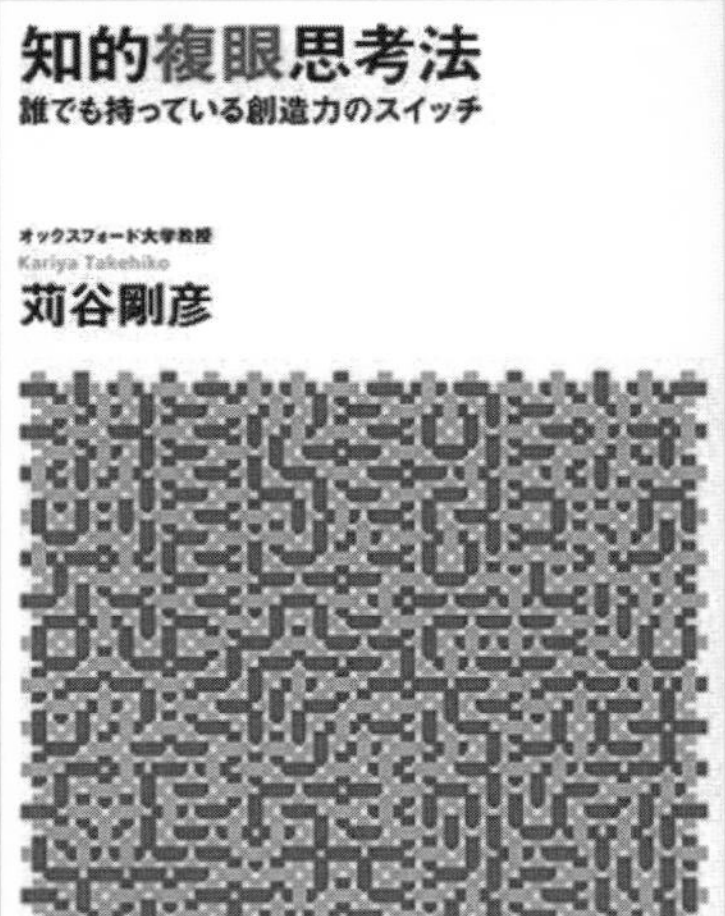

創造力はものごとを多面的に見ることから始まる

創造性を発揮するために大切なことの1つは、ものごとを多面的に見ることです。これは正解主義との戦いでもあります。日本の社会では、ものごとには必ず1つの正解があると信じられていることが多いのではないでしょうか。

数学や物理など自然科学の世界では明確な正解があります。一方、発想や構想という領域では、これまで当たり前だと思われていたことを疑い、新たな見方を提示することが求められます。発想や構想においては、ものごとには1つの正解があるという考え方は、時として大きな障害となってしまうのです。

本書が提示する「複眼思考」とは、複数の視点でものごとを多角的に見るということです。多角的に見るためには、常識とされていることを疑い、こんな見方やあんな見方もあるかもしれないと新しい視点でものごとを見る必要があります。

正解思考に侵されていると、この複眼思考が難しくなります。どこかに正しい見方があるのではないかと潜在的に思ってしまうからです。発想や構想における複眼思考で重要なのは、正しいか正しくないかではなく、常識的なものの見方から離れて、新しい視点を提示できるかどうかなのです。

本書の著者の苅谷剛彦は教育社会学者で、現在オックスフォード大学で教鞭を執っています。本書が書かれた当時、苅谷は東京大学で教えていました。

苅谷は東大の授業の中で、受験エリートとして東大に入ってきた学生が一面的な考えしか持っていないことに危機感を感じました。苅谷の授業では、そんな学生のものの見方に揺さぶりをかけるような問いかけをしていたそうです。

これが本書の原型となりました。どんなに優秀だとされている人でも、一面的なものの見方しかできなければ、その人が持っている知の力は限定的になってしまいます。

複眼思考で考えることは、自分の頭で考えることにつながります。自分の頭で考えることの第一歩は、人や本が言っている常識を疑うということから始まります。一般的に言われていることに対して、複眼思考を使って多角的に見ることで、そのことを鵜呑みにせず、自分の考えが浮かび上がってくるのです。

複眼思考に対して、常識にどっぷりつかったものの見方を単眼思考といいます。一般的に言われていることを、何の疑いもなく受動的に捉える考え方です。これでは、自分の頭で考えているとは言えません。

■批判的にものを見ることの大切さ

複眼思考の出発点は、ものごとを批判的に見ることから始まります。批判的という日本語からは否定や非難と言った攻撃的なニュアンスを感じるかもしれません。厳密には批判と否定は異なります。批判とは、既存の考え方に対して疑いを持ち、吟味をしながら考えるということです。

批判的とは、英語ではクリティカルと言います。クリティカルシンキングのクリティカルです。日本ではロジカルシンキングはある程度定着しました。クリティカルシンキングはロジカルシンキングとともに重要な知のあり方です。

私は大学時代、アメリカのリベラルアーツカレッジの影響を受けたリベラルアーツ教育を受けました。1年生の最初の授業のことを今でもよく覚えています。高校までの学びと大学での学びの違いはどんなことかというクラスディスカッションが行われました。

私を含めた学生は、自由に授業が取れるとか、サークル活動があるといった表面的な違いを指摘しました。一通りディスカッションが終わった後、担当教員が最後に一言、こう言ったのです。どれも不十分、最も大きな違いは大学での学びはクリティカルシンキングだということだと。

高校までは、先生や教科書が言うことを鵜呑みにし、テストでそれらを反復することが奨励されます。一方で、大学で期待されているのは、教員や書籍が言っていることを批判的に捉え、新しい知を生み出すことなのです。同じ教育でも、知のあり方に対する態度が全く異なります。大学における知の礎は、ものごとを批判的に捉えることから始まるというのがこの授業のテーマでした。そしてそれはリベラルアーツの本質の1つでもあります。

複眼思考やクリティカルシンキングは、デザインにおいても重要な考え方です。新しい構想を生み出すためには、既存の考え方に疑いを持ち、常識を常識と考えず、これまで誰も考えてこなかった考え方を提示することが求められます。デザイン人材の本分は、まさにこの複眼思考を発揮して、クリティカルな視点を提示することにあるのです。デザインの役割は、ものごとを多角的にみることでその本質を浮かび上がらせることなのです。

美術大学の教育の場では、しばしば「講評」と呼ばれる学生と教員のやり取りがあります。この講評こそが、デザイン教育において批判的な複眼思考を育てる方法の1つです。講評とは、学生がつくった制作物を他の学生の前で発表し、教員がそれらに対してコメントするというものです。教員は一人のこともありますが、大きな講評会では複数いることもあります。

教員からのコメントは、学生だけでは思いつかなかった視点を引き出すために行われます。

また他の学生に対するコメントが、自分の制作物に関連する気づきとなることもあります。複数の教員がいる時は、教員間で示し合わせることもないので、それぞれがバラバラのコメントをしたりします。これも異なる視点を生み出すきっかけになります。

デザイン教育の現場では講評を繰り返すことで、複眼思考を生み出す場づくりを行っています。こうした教育を通じて、学生を正解思考から解放していくのです。

創造的な問いが創造的なアウトプットを生み出す

複眼思考においてもう1つ大切なことは、問いを立てることです。本や人が言っていることをそのまま理解するだけでは、批判的な見方につながりません。どうしたらできるようになるのだろう。なぜそうなっているのだろう。本や人が言っていることに対する自分なりの疑問を問いの形に明文化することで、その問いに対する新しい答えが生まれます。

問いとは、ものごとに新たな光を当てるスポットライトのようなものです。スポットライトの当て方によって、ものごとに対していろいろな見方が生まれます。創造的な答えのためには創造的な問いが必要なのです。

問いは、ちょっと変だなあ、不思議だなあと思う疑問から始まります。その疑問が、「どうなっているの?」という実態を問う問いに変わったり、「なぜ?」という理由を問う問いに変わったりすることによって、問いが進化します。

複眼思考の問いの結果生まれる概念も大切です。概念も問いと同様に、ものごとに新しい見方を与えるフレームワークのようなものです。新しい概念が生まれることによって、それまでの見方とは異なる新しい認識が生まれます。

例えば、本書ではジェンダーという概念が紹介されています。ジェンダーは、生物的な性差に加えて社会的文化的な性差を指す概念です。この概念によって、男女の性的役割分業を、生物的な性差から切り離す議論ができるようになりました。例えば女性だけが子育てをするべきだという考え方は、生物的な性差で説明することができません。社会的な性的役割分担として、その是非が議論の対象になるわけです。

アメリカの社会学者であるタルコット・パーソンズは、このような概念の働きをサーチライトに例えました。新しい概念は、それまで見えなかったものに光を当て、その存在を明らかにするサーチライトのようなものなのです。新しい概念を発明し、道具として使うことで新しい世界の扉が開くのです。

デザインにおいてフィールドワークや観察を行うのは、新しい問いを立てるための活動とも言えます。自分の足でフィールドを探索し、観察やインタビューなどの定性的アプローチで対象に迫ることで、これまで思ってもみなかった発見や解釈を獲得することができます。こうした新しい発見や解釈をもとに、新しい問いを立てることができるのです。

ジェンダー概念に影響を与えたものの1つに、文化人類学者のマーガレット・ミードのフィールドワークがあります。(1) ミードは南太平洋やパプアニューギニアでのフィールドワークを通じて、異なる社会にはそれぞれの男女の役割の形があり、当時の西洋社会の通念とは異なることを指摘しました。この発見は、その後の生物的な性差と社会文化的な性差を分けて議論するジェンダー概念の形成につながっていきました。ミードの研究は、その後いくつか正確性を欠くところがあることが批判されましたが、それを差し引いてもミードのフィールドワークが、ジェンダー研究に与えた影響は大きいと言われています。

(1) マーガレット・ミード著、畑中幸子、山本真鳥訳『サモアの思春期』蒼樹書房、1976年

統合・シンセシス

CHAPTER 3

なぜ統合なのか?

デザインの行動の2つ目は、統合・シンセシスです。日本語では統合という訳語をつけましたが、総合、綜合、合成、結合といった訳語があてられることもあります。

シンセシス(synthesis)という言葉は、馴染みがない英語かもしれません。シンセシスの「シンセ」は、楽器のシンセサイザーの「シンセ」と同じ語源です。楽器のシンセサイザーは複数の音源を合成して、それぞれの音源とは異なる新しい音をつくるという楽器です。シンセシスが持つ意味もこのシンセサイザー同様に、統合する、合成するといった意味があります。

新しいコンセプトを考える時に、それまであった概念や、あるいは新たにインプットされた概念をつなぎ合わせて考えるという意味です。新しいコンセプトは、要素と要素の新しい関係性によって生まれます。この関係性こそが創造性の最大のポイントだということです。

ビジネスの中でこの統合のプロセスが意識されていることは、ほとんどないのではないでしょうか。暗黙知的に共有され、結果として統合の効果が発揮されていることは多くあると思います。一方で統合・シンセシスの重要性を明示的に意識し、例えば研修などで組織の中に取り込もうという動きは少ないのではないかと思います。

統合・シンセシスの対義語は、分析・アナリシスです。分析・アナリシスには概念としても、普段の仕事の中でも親しみを感じる人が多いと思います。分析・アナリシスに関しては、組織において明示的に意識され、ロジカルシンキング研修などを通じて組織への取り込みが進んでいます。

20世紀のビジネスはサイエンスのマネジメントであり、分析だけでよかったかもしれません。21世紀のビジネスにおいては、創造性もマネジメントの対象にする必要があります。そのために、この統合・シンセシスというコンセプトを、どのように組織の中に取り込むかが重要になるのです。

■ロジカルシンキングの限界

世の中でロジカルシンキングと言われている考え方の本質は、分析的な思考方法です。デザインの世界では、こうした分析的な思考方法に加えて、もう1つ重要な思考方法を活用します。それが統合的思考方法です。分析的な思考方法とは日本語が示すように要素を分けて考えるということです。それに対して統合的思考方法というのは要素を統合・結合させるという考え方です。

なぜ分析的思考方法に加えて、統合的な思考方法が必要とされるのでしょうか？　それは創造的な場面において、分析的な思考方法だけでは限界があるからです。新しいことを創造的に考える時に、役に立つのが統合的な思考方法なのです。

分析的な思考方法とはどういったものか、改めて見てみましょう。分析的な方法論が紹介されているロジカルシンキングや問題解決の教科書的な書籍を見ると、だいたい同じようなことが書いてあります。ものごとの枠を決めて、その枠の中を漏れなくダブりなく分解します。これをＭＥＣＥ（Mutually Exclusive and Collectively Exhaustive）という考え方で紹介している本も多いと思います。このように枠を漏れなくダブりなく分割した後に、それぞれの要素を比較検討して一番良いものを選択するという考え方です。

分析的な方法論を使えば、いくつかの選択肢の中から論理的に最も効果が高いものを選ぶことができます。一方で、分析的な方法論の弱点は、選択肢そのものを一から生み出すことができないということです。

創造的な方法論はこの弱点を補うものです。選択肢そのものを生み出すアプローチなのです。分析的思考が選択肢を選ぶための方法論だとすると、統合的思考は選択肢をつくるための方法論です。まだ誰も気づいていない、新しい選択肢をつくるためには、分析的な方法論に加えて統合的な方法論の活用が必要不可欠なのです。

要素を結合する

統合的な思考とは、要素と要素を結合させて新しい概念を生み出すということです。私がよく紹介する皆さんの身近にある事例を紹介しましょう。それは卵かけご飯です。卵とご飯を統合・結合させることによって、卵単体でもご飯単体でも実現できない魅力を持つ、卵かけご飯という新しい概念になりました。

一見何の関係もなさそうな卵とご飯を一緒にしようと思った人は本当に偉大だと思います。これが統合によるクリエイティビティの1つの姿です。勇気と言ってもいいかもしれません。一見脈略がない2つの要素を統合・結合させることで、これまでにはない新しいものを生み出しているのです。

このように、実は私たちの身の回りには、統合で生み出された新しいものがたくさんあります。世界をあっという間に変えてしまったものの中に、この統合で生み出されたものがあります。それはスマートフォンです。

私はよく大学の授業で、スティーブ・ジョブズが2007年にiPhoneを発表した時のプレゼンテーションの動画を学生に見せます。スティーブ・ジョブズは、最初に3つの新しい製品を発表すると言います。その3つの製品とは、音楽プレイヤー、電話、そしてインターネットデバイスです。

そして、スクリーン上にこの3つの機能のアイコンが表示されます。その後、それらのアイコンは一体のキューブ状のものになり、グルグルと回り始めるのです。そこでスティーブ・ジョブズが一言。「わかったでしょ？　僕たちが発売するのは3つの製品ではなくて、1つの製品（one device）なのです」と。[1]

つまりｉＰｈｏｎｅは、音楽プレイヤーと電話とインターネットデバイスが統合して生まれた新しいコンセプトの製品なのです。ｉＰｈｏｎｅに限らず、他のメーカーのものも含めて、スマートフォンのコンセプトは統合的です。それまでの携帯電話とも異なり、音楽プレイヤーともパソコンとも異なります。それぞれの要素を絶妙な形で携帯デバイスに収めたものです。

黎明期のスマートフォンは、これまでの携帯電話と全く異なる形状だったため、キーボードがないとか、電池が持たないと言った批判にさらされました。しかし、この統合的に生まれたイノベーティブな製品はその後世界を席巻し、私たちの生活を一変させてしまいました。スマートフォンの例が示すように、要素と要素を結合させて新しいコンセプトを生み出す統合の力はパワフルなのです。

私が在籍していたアメリカのデザインスクールでは、Analysis（分析）という授業とともに

Synthesis（統合）という授業が対で開講されていました。Analysisの授業では古典的なロジカルシンキングの分析的な方法論を学び、Synthesisの授業ではデザインに特有の統合的な方法論を学ぶという役割分担が明確になされていたのです。

このことから学べるのは、分析的な方法論だけではなくて、統合的な方法論も方法論として明文化されているということです。

分析的な方法論が明文化されるのはわかるのですが、創造的で統合的な方法論までここまで明文化され授業として構成されていることに驚きました。分析的な方法論は日本にいた時にも使っていましたし、関連する書籍がたくさんあるということも認識していました。一方で統合的な方法論が日本で書籍のような形になっていることはほとんどありませんでした。統合的で創造的な方法論は、属人的なものとしてブラックボックスの中に閉じ込められたままだったのです。

もう1つ学べることは、分析的な方法論だけでも統合的な方法論だけでもダメだということです。両方を必要な場合に応じて使い分けるということが大切です。さらに言えば、適切なタイミングを誤るとそれぞれの効果が失われてしまうことにも注意が必要です。

（1）ブライアン・マーチャント著、倉田幸信訳『THE ONE DEVICE ザ・ワン・デバイス iPhoneという奇跡の〝生態系〟はいかに誕生したか』ダイヤモンド社、2019年私はよく、混ぜるな危険と言っています。分析的な方法論が必要な時に統合的な方法論を使うと、焦点を絞り込まなければならない時に逆に拡散してしまい、議論が収束しません。一方で、統合的な方法論が必要な時に分析的な方法論を使うと、可能性が不必要に絞られてしまいイノベーションの機会が失われてしまうのです。

どちらかと言えば、日本では後者がより頻繁に起こっているのではないかと思います。それは統合的な方法論が明文化されておらず、組織の中に定着していなかったために、その両者の使い分けができていなかったからです。「混ぜるな危険」の危険性が生じるのも後者の場合です。新しいことを発想しなければいけないタイミングで、前例に従って論理的な手順だけでものごとを判断するとその可能性が失われてしまいます。

両者を混ぜないように、適切なタイミングで適切な方法論が選択できるようになることが、高い打率でヒットを打ち続けられる創造的な組織の条件なのです。そのためにも、分析的な方法論だけではなく、統合的な方法論も明文化し、組織に定着させる必要があります。

小さな兆しを結合して新しいコンセプトをつくる

要素と要素を結合する統合的な方法論において、その結合の元となる要素は、どういうところから引き出してくればよいのでしょうか。ここで鍵となるのは「兆し」という考え方です。フィールドワークなどの定性的なアプローチの中から、小さいながら将来に影響を与えるような変化の兆しを見つけ、それらを結合することで新しい概念を生み出します。

分析的な方法論では、すでに認識されている要素を、枠の中に漏れなくダブりなく整理をすることが求められます。この方法における要素とは、よく知られていて、確度が高く、扱いやすいものです。

私は仕事を始めた時に、パソコンのマーケティングに関わっていました。20年ほど前のパソコン市場は非常にわかりやすい構造でした。大きく分けるとデスクトップパソコンとノートパソコンの2つの種類、そして価格帯がローエンドからハイエンドまで何段階かあるという構造です。

当時のパソコン市場は数年間にわたって、大きな変化がありませんでした。このような状況において、分析的な方法論は力を発揮します。ここで扱う要素は、よく知られていて、確度が高く、扱いやすいものだからです。市場を複数のセグメントに分けて、その中の変数を見ることによって、的確な意思決定を行うことができました。

例えば、市場のセグメントごとにおける自社製品のマーケットシェアを調べることは容易です。自社がどのセメントに強く、どのセグメントが弱いかもよくわかります。弱いセグメントに対して、マーケティングリソースをどのように投下すればいいかという議論が容易に成立します。

一方で、パソコンを始めとしたパーソナルコンピューティングの市場は、その後どのような形になったでしょうか。2010年前後のスマートフォンの普及により、その形は大きく変化しました。さらにはタブレットデバイスやスマートウォッチの登場により、パーソナルコンピューティングという市場自体が、多くの新規のプレイヤーによって混沌とした状況になりました。市場は以前ほどわかりやすいものではなくなってしまったのです。

このような不確実な市場環境下において、未来に向けた打ち手を探るために役に立つのが、兆しという考え方です。

兆しは決して、既存のフレームワークの中にわかりやすく存在するものではありません。むしろその枠の外に点在的に弱く存在するものなのです。思い返せばパソコン市場の成熟期においても、今で言うスマートフォンやスマートデバイスの兆しが点在していました。

兆しは、英語ではウィークシグナルズ（weak signals）と言います。既存の市場の外に存在する弱い兆しを先行して捉え、それらを束ねることによって、新しいコンセプトを生み出し、それが次の時代の競争軸になっていくのです。

スマートフォンがもたらした市場の変化もまさにこれと同じことでした。前述のように、スマートフォンは、携帯電話、音楽プレイヤー、インターネットデバイスという、当時パソコンの周辺に点在していた要素を統合した新しいコンセプトとして、パソコン市場の一部を代替してしまったのです。このような、兆しを束ねることが新しいイノベーションのコンセプトになっていった事例は数多く存在します。

ここで重要なのは、どのようにこの兆しを先行的に探索すればいいのかということです。デザインの知が教えてくれるのは、兆しの先行的な探索は、現場におけるフィールドワークによって得ることができるということです。

フィールドには、記事や書籍になる前の兆し的な生の情報が点在しています。フィールドワークではこれらの情報を先行的に探索することができます。ものごとが起こっている現場に赴いていって、その兆しを観察を通じて感じ取るのです。

スターバックスの黎明期、実質的な創業者のハワード・シュルツは、イタリアのバルでエスプレッソ文化に出会い、この兆しをアメリカのコーヒーチェーンに統合させます。途中でサードプレイスという居心地のよい店内空間のコンセプトも取り込み、独自の価値を提供する世界有数のカフェチェーンとなりました。(1) スターバックスのコンセプトの源泉も、イタリアという現場におけるフィールドワーク的な探索によって得られた兆しだったと言えます。

このようなイノベーションは、決して既存の市場の枠組みの中を最適化するだけでは生まれません。スターバックスにおけるイタリアのバルのような、枠の外にある兆しがきっかけになり、新しい世界が開けるものなのです。その兆しは、フィールドワークを通じて行動することによって初めて得られる、多くの人は気づいていない自分にしかない大切なきっかけなのです。

■意味的価値を創出する

兆しを束ね、結合させて生まれるのは新しい意味です。スターバックスはイタリアのバルのエスプレッソ文化をアメリカのカフェチェーンに取り込んでサードプレイスという独自の意味的価値をつくりました。結果、全米の主要都市には数ブロックごとにスターバックスの店舗ができ、仕事をしたり、勉強したり、ミーティングをしたりと、これまでのカフェにはない思い思いの楽しみ方で顧客が利用するようになりました。スターバックスが提供しているのは、コーヒー飲料という物質的な価値だけでなく、居心地のよい時間といった意味的な価値だと言えます。

成熟社会においてこうした意味的価値がより重要になります。お店がない、移動手段がないといった不便を解消することはスーパーや自動車の普及によって解消されました。ものが充足するに伴って機能的価値の重要性は相対的に下がり、人々は楽しさや居心地のよさといった情緒的で意味的な価値を求めるようになったのです。

機能的価値から意味的価値への変化を端的に示している例がレコードの復活です。レコードは1980年代のコンパクトデスク（CD）の登場によって、音質や持ち運びやすさなどの機能面においてその存在意義を急速に失っていきました。音楽市場はその後、スマートフォンの登場とともに、より便利なSpotifyなどのストリーミング・サービスへと一気に流れていきました。

まさに音楽史上は機能的価値によって席巻されていたと言えるでしょう。そんな状況に風穴を開けたのがレコードの復活です。CDからストリーミング・サービスへの移行の裏側で、レ

（1）ハワード シュルツ、ドリー・ジョーンズ ヤング著、小幡照雄、大川修二訳『スターバックス成功物語』日経BP、1998年

コードが古くて新しい音楽メディアとして静かに注目され始めました。

2010年代以降、レコード市場は復活の兆しを見せ、毎年その販売数と販売金額を増加させています。直近のデータでは、世界の音楽市場全体に占めるCDやレコードなどの物理メディアの市場は10%程度。実は今やその売上の大半がレコードの販売によるものなのです[2]。

レコードの価値を機能的価値だけで説明することはもはや難しいでしょう。音質やタイトルの数など、機能面ではストリーミング・サービスに勝つことはできません。レコードが支持されている背景は、レコードジャケットのものとしての存在感や、レコード針をそっとレコード盤の上に置く感覚など、機能では説明できない情緒的で意味的な価値の存在です。

デザインが得意とするのは、まさにこの意味的価値の創出です。デザイン研究者のクラウス・クリッペンドルフは、意味という言葉をタイトルにつけた『意味論的転回―デザインの新しい基礎理論』において、デザインとは物に意味を与えることだと定義しています。人はものそのものではなく、そこから生まれる意味に基づいて理解や行動をすると考え、デザインが持つものに意味を与える役割に注目したのです。

この本では、意味に注目したデザインの考え方としてロベルト・ベルガンティの『デザイン・ドリブン・イノベーション』も紹介します。ベルガンティはこの中で、意味のイノベーションという概念を提唱しています。イノベーションはテクノロジーやマーケティングだけで起るのではなく、新しい意味を創出する意味のイノベーションとしても成立するのだという考え方です。

ベルガンティは、デザイン・ドリブン・イノベーションの例として、ろうそくを事例として挙げます。ろうそくもレコードと同様に近年販売数が増加しています。ろうそくは古くは照明器具でしたが、現在ろうそくを照明器具という機能で購入する人はいないでしょう。ろうそくには、リラックスやインテリアという新たな意味的価値が与えられ、これまでにない市場を形成するに至っているのです。

(2) Friedlander, J. P., & Bass, M. (2023). Year-End Music Industry Revenue Report, The Recording Industry Association of America.
https://www.riaa.com/wp-content/uploads/2023/03/2022-Year-End-Music-Industry-Revenue-Report.pdf

概念・コンセプトで考える

統合的思考において大切なのは、概念・コンセプトで考えるということです。改めてコンセプトとは何でしょうか？

コンセプトの定義は様々ですが、共通しているのは抽象度が高い言語という点です。抽象度が高いというのは、1つの言語が複数のことを説明できるということです。抽象の反対は具象です。具象というのは、特定のことを説明するための言葉となります。具象の言葉は1つのことを説明することはできますが、多様な対象に広がりを持つ言葉にはなりません。コンセプトの最大のメリットは、1つの言葉を発明すると、その言葉が広がりを持って様々なところに展開するということなのです。

例えば、先ほどのスターバックスのサードプレイスというコンセプトで考えてみましょう。サードプレイスという抽象的な言葉は、店舗、サービス、飲み物、音楽、雰囲気と、様々な領域に適用することができます。サードプレイスという言葉がなければ、カフェチェーンの姿は曖昧なままです。この言葉があることによって、どんなカフェチェーンをつくればよいか、どんな価値を提供すればよいかの方向性が明確になるのです。

私はよく学生に言葉を疎かにしないようにと言っています。なぜなら、言葉1つで作り出すものの方向性が大きく異なってしまうからです。優れたコンセプトはインスピレーションに溢れ、そこからいろいろなアイデアが連続して生まれてきます。また、人々にビジョンを与え、ワクワクしながら関わっていくことができる。そんな魔法の力を持った言葉が優れたコンセプトの条件です。

この本では、コンセプトをつくるためのツールとして、メタファー（比喩）とパタン・ランゲージという考え方を紹介します。詳細はそれぞれの書籍の解説に譲りますが、いずれのツールもコンセプトを開発するための便利な方法です。

メタファーを使うことで、これまでの既存の概念に紐づけて新しいものごとの認識を生み出すことができます。例えばコンピューターのユーザーインターフェースの開発の際に、デスクトップのメタファーを用いるといったことです。デスクトップというコンセプトをつくることで、ファイルやフォルダといったデスクトップに紐づく新たな概念を生み出すことができます。

パタン・ランゲージは、建築・都市デザインのためのツールとして生まれた独立した複数のコンセプトが全体を構成するという考え方です。コンセプトを組み替えることで、いろいろなかたちの全体像を柔軟に構成することができます。

■ ビジュアルで考える

概念とともにデザインで重要なのがビジュアルです。ビジュアルとは言葉とは異なる図的な表現のことです。ビジュアルはこの後の試行・プロトタイプのところでも関わってくるので、ここでは統合・シンセシスにおけるビジュアルのあり方について説明します。

統合・シンセシスで扱うビジュアルは、コンセプトを生み出すためにビジュアルの力をうまく使うということです。ビジュアルと言っても、時間をかけて精緻に絵を描くというようなものではありません。必要なのは紙とペン、あるいはタブレットとペンでもいいかもしれません。さっと手を動かしてちょっとした絵や図を描くということです。

ビジュアルと言っても多様な形があります。1つのかたちは、ダイヤグラムと言われるものごとの関係性を図で表すもの。もう1つはスケッチと言われる人物の絵や、その場で起こっている状況を簡単な絵で示すというものです。

ビジネスにおいて一番よく知られてるダイヤグラムの1つは、2軸4象限マップです。軸を上下左右に2つずつ取って4つの象限に分け、それぞれの象限の内容を記述するという図の一種です。言葉だけではなく、図にすることによって、その説明力は格段にあがります。スケッチで最近よく用いられるのは、ストーリーボードと呼ばれるユーザーの体験を4コママンガのような表現で描くものです。このスケッチも写実的なスケッチを書く必要はなく、どんな人物がいて、どのようなことが起こって、どのような気持ちになっているのかを簡潔に表現します。

紙とペンを使う最大のメリットは早く描けるということです。コンピューターを起動してソフトウェアを使って書こうとすると、数十分から1時間単位の時間がかかってしまいます。紙とペンであれば、さっと出して、1枚数分もかからないうちに描けるでしょう。このメリットはとても大きいのです。

私の研究室のテーブルの上には、A4のコピー用紙の束とサインペンが常に用意されています。思いついたことがあると、その場で図を書いたり、ちょっとした絵を描いたりします。描いたものはスマートフォンで写真に撮ってもいいですし、スキャナーでスキャンして資料に貼り付けることもできます。コピーを取ってその場の参加者に配ることもできます。コンピューター上で作業するよりも、格段のスピードでものごとを考えることができる魅力的な方法です。

あと、もう1つよく使うのはホワイトボードです。ホワイトボードのいいところはグループでディスカッションする時に、参加者から同じ角度で見えることです。少人数の時はテーブルの上でＡ４の紙に描いてもいいのですが、人によっては逆さまに見なければならなくなってしまい、ディスカッションへの参加が消極的になってしまう懸念があります。ホワイトボードであれば、どのメンバーからもほぼ均等に見ることができます。場合によっては複数の参加者がホワイトボードマーカーを持って協業しながらビジュアルを描くこともできます。消すのも簡単なので、どんどん内容を更新できることも大きなメリットです。

プロジェクトの設計を行う時に、よくホワイトボードを使ってプロジェクトのアウトラインをつくります。チャートと文字、スケッチなどを組み合わせて、パワーポイントで作成するよりも何倍も早く、メンバーのみんなが合意する形でプロジェクトのプランを考えることができます。

3 - 1

KJ法

『発想法―― 創造性開発のために』

川喜田二郎著
中央公論新社、1967年

統合・シンセシスの本質を体現する発想法

ＫＪ法という名前をどこかで聞いたことがある方も多いのではないでしょうか。ＫＪ法とはよく知られた発想法の１つです。実は、ＫＪ法は単なる発想法ではなく、デザインと親和性が高い考え方なのです。この本で取り上げる統合・シンセシスのエッセンスが、デザインの文脈とは異なるところできちんと明文化されている書籍です。

ところで、ＫＪって何のことだと思われますか。実はこれは人の名前なのです。ＫＪとは本書の著者である川喜田二郎のイニシャルです。本書はＫＪこと川喜田が、自身の専門である人類学のフィールドワークを通じて得た知見と、アイデアのための発想法を組み合わせた書籍です。

ＫＪ法とは、発想の元となる要素を出してそれらをグループ化し、グループの名前を本書では表札と表現されているタイトルとしてつけることで、新たな概念を生み出すという方法です。

企業の研修などでこのＫＪ法に取り組んだ人も多いかもしれません。ＫＪ法は本書が出版された１９６０年代に提唱され、以来日本の企業や社会の間で長く使われている古典的な発想法の１つです。私が以前在籍していた広告会社でも、伝統的に新人研修でＫＪ法が行われていました。軽井沢の山荘にこもってひたすらＫＪ法を行ったことを今でもよく覚えています。

ＫＪ法の本質は、要素と要素を結合させて新しい意味を生成するということです。そのために情報を小さな部分に分割し、それらの組み合わせを多様なパターンで検討し、新しくできた組み合わせに新しい意味をつけるというプロセスとして知られています。これは、まさにこの本で述べている統合・シンセスの考え方そのものです。

ＫＪ法の実践では、情報をポスト・イットやオンラインツールの付箋に書き出し、位置を動かしながら新たな組み合わせをつくり、グループ化するという流れで進めます。本書が書かれた１９６０年代にはポスト・イットやオンラインツールはありませんから、「こざね」と言われる小さな紙に情報を書き出し、それを物理的に動かしながら検討することと説明されています。のりがついていないこざねを使って、グループ化の作業をするのは大変だったのではないかと想像しますが、その後ポスト・イットやオンラインツールの登場によって、気軽にＫＪ法を行うことができるようになりました。

ＫＪ法は、その方法のシンプルさと発想の本質を兼ね備えたことで、提唱されてから今に至るまで多くの組織と人々によって活用されています。英語ではＫＪメソッド（KJ Method）としても知られていますし、類似の方法は親和図法やアフィニティダイアグラム（affinity diagram）という名前でも知られています。

デザインとKJ法の共通点

前述のように、KJ法とデザインには驚くほど共通点があります。人類学者である川喜田がどこかでデザインと接点があったのではないかと思ってしまうほどです。異なる文脈で生まれた2つの方法に共通点があるのは、KJ法において、人間にとっての創造的なアプローチの本質が捉えられているからだと考えられます。デザインとKJ法の共通点は大きく2つあります。

1つは、すでに説明したように情報を断片に分け、その新たな組み合わせから新たな意味を生成するという、まさに統合・シンセシスのエッセンスが取り込まれているという点です。

この統合・シンセシスのプロセスにおいて、KJ法はボトムアップ型の統合を推奨します。要素の集合がある時に、それを最初に3つ、その3つをさらに細分化したグループに分けるといったようなアプローチを本書では専制的と呼んでいます。言い換えればトップダウン型のアプローチです。

KJ法が推奨するのは、要素の集合から小さなグループをつくり、グループ同士をつなげて大きなグループにしていく民主的なアプローチです。ボトムアップ型と言い換えることもできるでしょう。

グループ編成は小チームから大チームへ

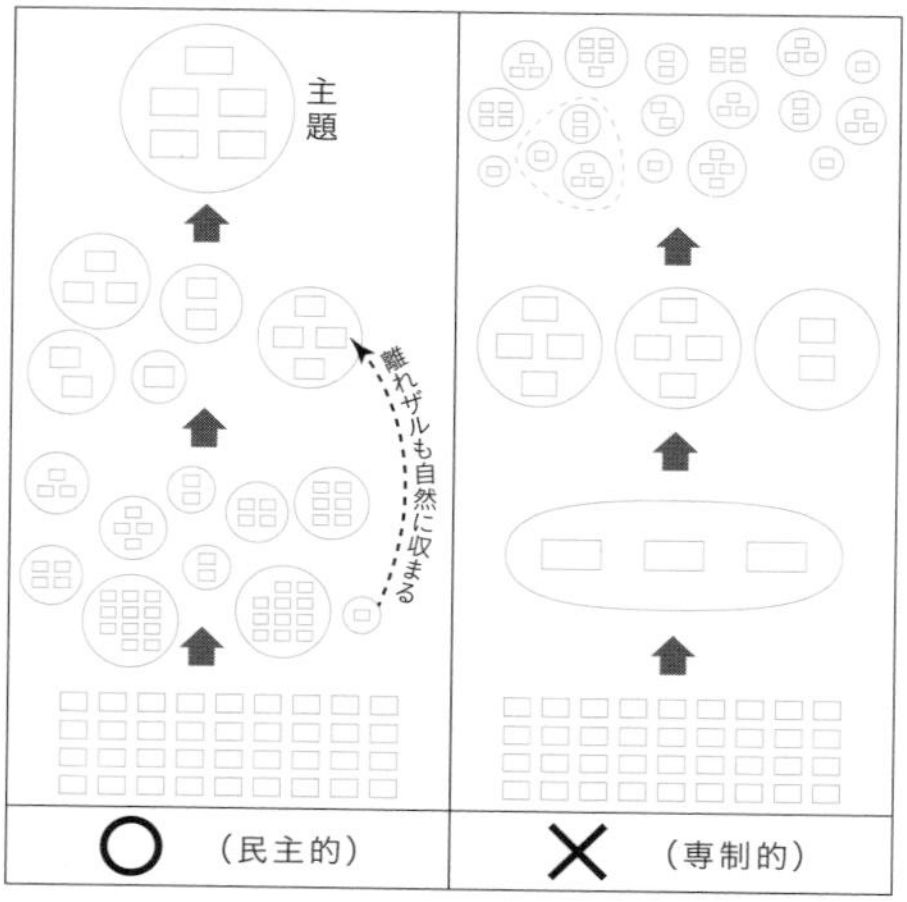

川喜田二郎『発想法ー創造性開発のために』p.77

トップダウン型では、既存のグループ化のルールに縛られてしまい新しい組み合わせや発想に結びつきません。ボトムアップ型でグループをつくることで、新しい発見が生まれるのです。

デザインにおける統合・シンセシスも、まさにこのボトムアップ型が使われます。デザインは、数学や物理のように抽象的な法則から解が生まれるものではありません。個別の行動や実践の中から方向性が導かれるアプローチなのです。

もう1つの共通点は、KJ法の提唱者である川喜田が人類学者であり、人類学者としてのフィールドワークやエスノグラフィーの経験からこのKJ法が考案されたという点です。

つまり、この本で述べている共感・エンパ

シーから統合・シンセシスへの接続に、川喜田は1960年代にすでに気づいていたということになります。さらに、この本でデザインの重要な方法論として紹介しているフィールドワークや観察といったことが、KJ法の情報のインプットにおいても重要な役割を示している点も見逃せません。

本書では、フィールドから気づきを得ることの重要性が繰り返し強調されています。川喜田は、このことを机の上で考えるだけの書斎科学に対して、フィールドに出て考える野外科学という概念で説明します。野外科学とは、まさに人類学的な知見によるフィールドワークをもとにした探索の方法であり、デザインの行動そのものだと言えます。

思考レベルと経験レベルを高速で行き来する

本書において驚くべき図があります。それは研究プロセスの全体像を描いた図として紹介されているものです。この図では、思考レベルと経験レベルという2つの層の間を2回往復する形で行き来していることが示されています。何が驚きかというと、この図で示されているのはデザインのプロセスそのものだという点です。

最初の往復は、野外科学の領域においてフィールドに出て探検や観察をし、そこから発想するという思考レベルと経験レベルの往復です。2番目の往復は、実験科学という名前で呼ばれていますが、実験計画をし、観察と検証をするという往復になっています。

実はこの往復は、この本でも述べているデザインのアプローチとそっくりなのです。デザインのアプローチでも、最初の往復のように経験レベルであるフィールドに行って観察をし、共感を得て、それをもとに統合を使って発想をしていきます。デザインでは、次のステップとして試行・プロトタイプの行動を行います。これは、発想法では実験科学と呼ばれる領域です。小さなプロトタイプをつくり、それを実装し、ユーザーや社会と対話をする中で観察と検証を行うというプロセスです。

重要なのは、思考レベルと呼ばれている抽象領域と、経験レベルと言われている具象領域を行ったり来たりするということです。この考え方は、『101デザインメソッド』のところでも紹介している、イリノイ工科大学のデザインスクールのフレームワークとも多くの共通性があります。イリノイ工科大学デザインスクールのフレームワークは、上下に抽象と現実、左右に理解するとつくるという2軸4象限のマップで構成されています。まさに最初にフィールドワークを通じて、具象のレベルに降り、そこで得られた知見をもとに分析と統合を繰り返し抽象的な知を創出し、それをまた具象レベルでプロトタイプを通じて検証していくという流れです。

川喜田の研究プロセスの全体像の図が印象的なのは、デザインの専門家というわけではなかった人類学者によって、デザインのフレームワークとの多くの共通性を持った考え方が提示さ

研究プロセスの全体像

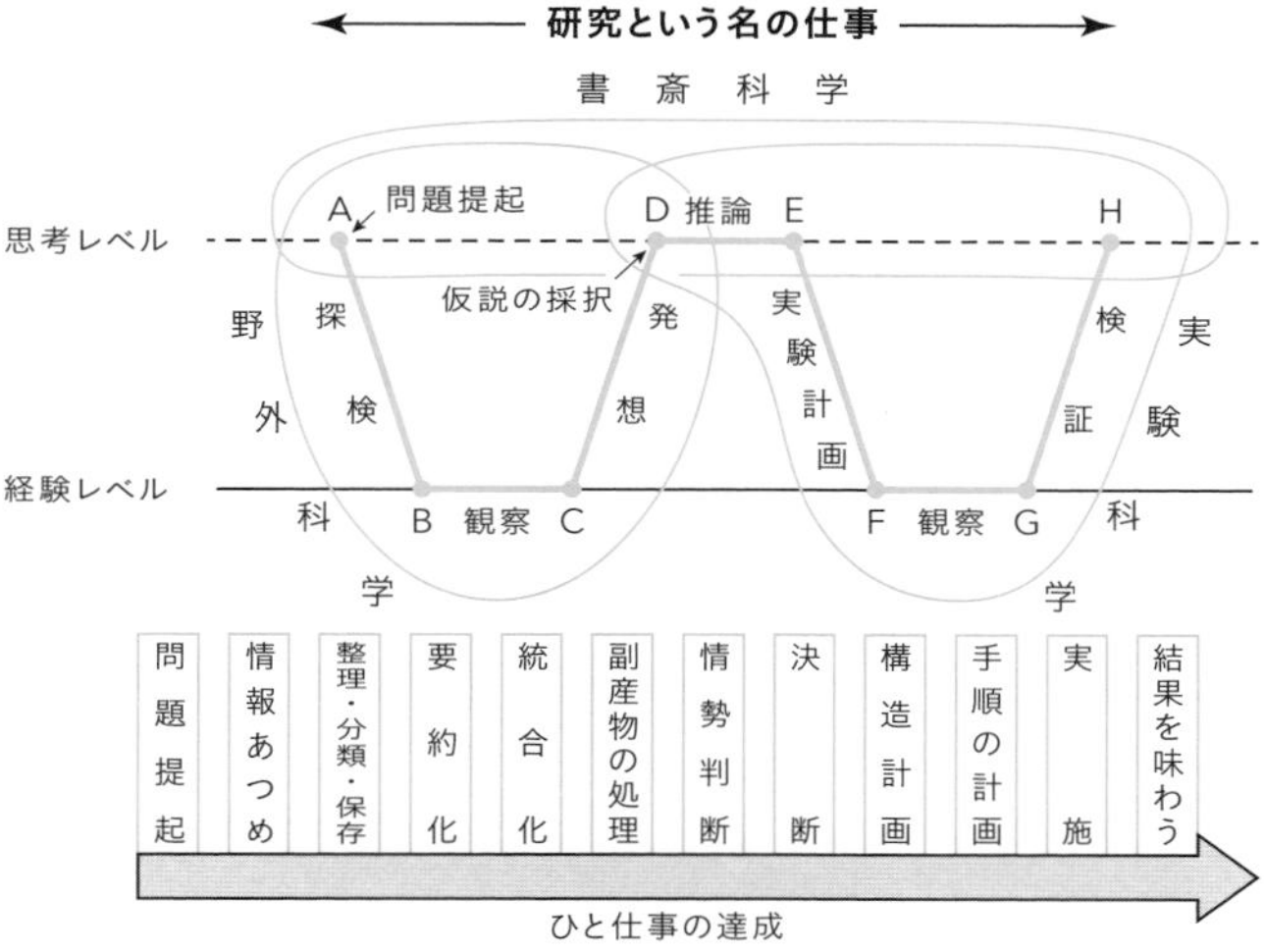

川喜田二郎『発想法―創造性開発のために』p.22

れている点です。

共感・エンパシーのところでも触れたように、デザインはフィールドワークや観察など人類学を始めとした社会科学から大きな影響を受けています。それを考慮しても両者の共通性には驚くべきものがあります。ここからわかるのは、具象と抽象を行き来しながら新しい概念を創出し、実装するという考え方には、人間の創造の営みとしての普遍性があるということです。

3-2

既存の要素の組み合わせ

『アイデアのつくり方』

ジェームス・W・ヤング著、今井茂雄訳
CCCメディアハウス、1988年

アイデアとは既存の要素の組み合わせである

ジェームス・ヤングの『アイデアのつくり方』は、最も読まれているアイデア発想本の1つです。その理由の1つは本書のコンパクトさにあります。数時間で読める程の分量で、気軽に読めることもあり、多くの人がこの本を手に取ります。ボリュームが少ないからといって、決して内容が希薄ということはありません。アイデア発想の本質が、短いエッセイの中に凝縮しているのです。

著者のジェームス・ヤングは、アメリカを代表する広告会社であるジェイ・ウォルター・トンプソンでコピーライターからキャリアを始め、最終的に役員にまでなった人物です。原著の初版は1940年に出版されていて、日本版は1988年に出版されています。原著から数えると80年以上時間が経った歴史的古典です。

本書がアイデア発想の古典となったのには、2つの大きな理由があります。

1つ目は、アイデアの本質を一言で言い抜いたことです。それは、「アイデアとは既存の要素の新しい組み合わせ以外の何ものでもない」という宣言です。

一見アイデアとは何もないところから新しい考えを生み出すことのように思われがちです。ヤングが提示したのは、アイデアの本質は既にある要素の様々な新しい組み合わせであるということです。自分にはアイデアを生み出す才能がないと思っている方も多いのではないでしょうか。本書が提示するのは、アイデアを生み出すことができるかどうかは、才能の有無ではなく、その方法を知っているかなのです。

アイデアの本質が既存の要素の組み合わせであるという考え方は、ヤングだけが言ってるわけではありません。ヤングは、この考え方をイタリアの社会学者であるパレートの著作の中からヒントを得ています。

本書の読みどころの1つは、雑誌Newtonの初代編集長でもあり地球物理学のバックグラウンドを持つ竹内均の詳細な解説です。この中で竹内は、ヤングのこの考え方が自然科学の領域にも当てはまることを指摘しています。例えば、ウェゲナーの大陸移動説やダーウィンの生物進化論も、既に知られていたことを新しく組み合わせたことで歴史に残る斬新な理論となりました。また、哲学者のデカルトや数学者のポアンカレの思考のプロセスとの類似性も指摘されています。

アイデアの作成には方法論がある

2つ目は、アイデアづくりには明確な方法論があるとして、そのステップを示したことです。本書ではアイデア作りは、車をつくるのと同じようなものだとしています。つまり、一定の技術を修練することで、同じものが同じ品質で量産できるというわけです。

本書が提唱するアイデアづくりのプロセスを詳しく見ていきましょう。

第1段階は資料を集める段階です。様々な領域からテーマに関連する資料を集めます。言い換えればインプットをたくさん行うということです。デザインでは資料だけではなくて、フィールドワークのように現場に行って、人の話を聞いたり、観察をしたりすることもインプットの1つになります。

収集した情報は小さなカードに項目ごとに書き、それを蓄積することが重要だとされています。集められた情報を小さなパーツに分けて集めておくことの重要性が1940年代に書かれた本で指摘されていることが驚きです。この考え方は『発想法』のKJ法とも共通性があります。

第2段階は消化や咀嚼の段階です。インプットを自分なりに解釈するということです。解釈するということはどういうことでしょうか？　本書では収集したものを違う向きに並べたり、違った光の下で眺めたりするというような表現で、多角的にものごとを見る方法が紹介されています。

2つの事実を並べてみて、その2つが噛み合うかどうかを検討するということも紹介されています。これは、すなわちものごとを多角的に見て、一見関係なさそうなものごと同士の関係性を検討するということです。

これらは『知的複眼思考法』で紹介している複眼思考や、『インテグレーティブ・シンキング』のインテグレーティブ・シンキングとも通じる考え方です。情報をそのまま鵜呑みにするのではなく、多角的な視点で見て吟味することで、情報の解釈に広がりが生まれるのです。

第3段階が意外です。ある程度解釈を検討したら、しばらくそれを放っておくことが大切だとされているのです。考えていたことを意識から無意識に移し、無意識の中で閃きが生まれることを期待するという段階です。

そのために、自分の想像力や感情を刺激するものに心を移すことが大切だと言っています。音楽を聴いたり、映画を見たり、小説を読んだりといった一見発想とは関係なさそうな新たなことを行います。本書では、胃の消化過程になぞらえて、これらの行為の重要性が説明されています。

第4段階は閃くということです。皆さんの中でも突然アイデアが閃いた経験をお持ちの方も多いのではないでしょうか。第3段階で寝かせていたものが、全く異なる文脈で閃きにつながるのです。閃きはいろいろなタイミングでやってきます。お風呂に入っている時や、朝目覚める前などです。

ふとしたことから発想の閃きを得ることに関連して、中国の北宋時代の思想家、欧陽脩は「三上」という興味深い言葉を残しています。閃きが生まれるのは3つの「上」で生まれるというものです。その3つとは、移動している時の馬の上(馬上)、寝ている時の枕の上(枕上)、そしてトイレの上(厠上)です。寝かせていたものが全く関係ない刺激によって呼び起こされ、閃きに通じるという点が共通しているところが大変興味深いです。

第5段階はアイデアを具体化し、展開させる段階です。この段階で手を抜くと、せっかくのいいアイデアが世の中に出る前にその機会を失ってしまいます。多くのよいアイデアが日の目を見ずに失われていくことが多いということが指摘されています。そのために、この段階では忍耐や現実性の検討が必要です。

■言葉でアイデアを磨く

本書でヤングが忘れないようにと付記していることがあります。それは言葉の大切さです。アイデアの中身が優先され、言葉が疎かになることの危険性が指摘されています。本書では言葉はアイデアのシンボルであり、言葉を磨くことによってアイデアがよいものになることが主張されています。

これはコピーライター出身のヤングらしい指摘です。コピーライターと聞くと、キャッチコピーなどの魅力的な言葉を書くことが仕事と思われるかもしれません。もちろんそれも重要な仕事の1つですが、コピーライターの仕事の本質は、ものごとの本質を言葉で捉えることにあります。『複眼思考』のところで概念とはそれまで見えなかったものに光を当て、その存在を明らかにするサーチライトのようなものだという社会学者のパーソンズの言葉を紹介しました。コピーライターとはまさに言葉＝概念の力で新しい視点を浮かび上がらせるのです。

ヤングが、アイデアを磨くために言葉が重要だと言っているのもこうした経験に基づくものだと思います。言葉は視点となり、ものごとの新しい側面を照らし出す道具となります。同じ対象でも異なる言葉で光を当てることで、違ったように見えるのです。

3-3

インテグレーティブ・シンキング

『インテグレーティブ・シンキング――優れた意思決定の秘密』

ロジャー・マーティン著、村井章子訳
日本経済新聞出版、2009年

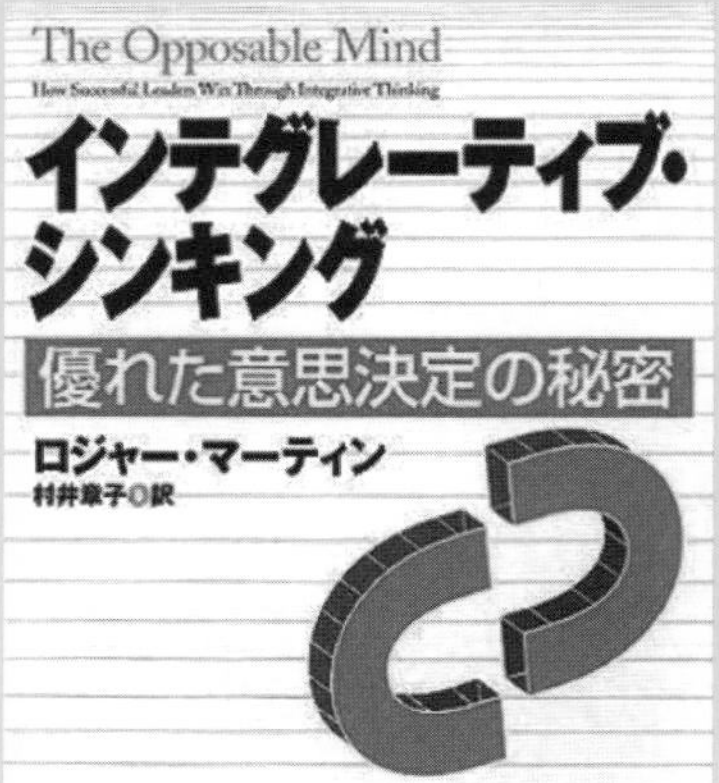

ビジネスの達人がデザインの本質をつく

デザインの方法論で重要なものの1つが統合的に考えるということです。ロジカルシンキングが分析的にものごとを考える思考フレームだとすると、その対極的な考え方として、デザインの統合思考があります。本書は、そんな統合思考を「インテグレーティブ・シンキング」として紹介するものです。

本書の特徴は書いた人にあります。著者のロジャー・マーティンは、カナダのトロント大学のビジネススクールであるロットマンスクールの学部長を長く務めたビジネスプロフェッショナルです。マーティンはハーバードビジネススクールの出身者でもあり、世界的なコンサルティングファームであるモニターカンパニーのディレクターでもありました。その後、ロットマンスクールを、ビジネスとデザインのハイブリッド型プログラムを有するビジネススクールとして、世界にその名を知らしめた立役者でもあります。

インテグレーティブ・シンキングとはどのような思考方法なのでしょうか。端的に言えば、一見トレードオフと思える二者択一の選択肢を、トレードオフとして考えず、統合して創造的な解を示すということです。

本書におけるインテグレーティブ・シンキングの定義は以下のようなものです。「相反する2つの考えを同時に保持し、対比させ、二者択一を避けて両者の良さを取り入れつつ、両者を上回る新しい解決に導くプロセスを意味する」。そんなことができたらすごいと思われるかもしれません。本書の主張は、優れたビジネスには、二者択一を乗り越えた統合的な解がある、ビジネスプロフェッショナルはそれを追求すべきだというものなのです。

本書では優れたインテグレーティブ・シンキングの例として、フォーシーズンズホテルの例が登場します。フォーシーズンズホテルは、イサドア・シャープというカナダ人によって生み出された開業当時の1960年代としては画期的なホテルのコンセプトです。

フォーシーズンズホテルが画期的だったのは、それまでのホテルの主流であるアットホームな小型ホテルと、施設の充実した大型ホテルという2つのモデルのどちらでもない解を生み出したことでした。それらをトレードオフとして考えるのではなく、大規模でありながら温かいおもてなしのホテルという統合的なコンセプトをつくり出すことに成功しました。

■ロジカルシンキングの弱点を補完するインテグレーティブ・シンキング

インテグレーティブ・シンキングとはどのような特徴を持つ思考法なのでしょうか。本書ではインテグレーティブ・シンキングの特徴として、次の4つが挙げられています。

1つ目の特徴は、課題を考える上でのファクターを広範囲に全体的に考えるということです。考える範囲が広くなると問題は複雑化しますが、むしろ複雑化することによって混沌となることを歓迎するという考え方です。インテグレーティブ・シンキングでは最善の答えは混沌の中から生まれるということを前提としているのです。

2つ目の特徴は、ファクター同士の関係を深く掘り下げるということです。その関係性も直接的なものだけではなく、様々な関係のあり方を模索することを大切にします。インテグレーティブ・シンキングの本質は要素と要素を統合・シンセシスすることにあります。そのため要素間の関係性を検討することが鍵となります。

3つ目の特徴は、決定に至るまでの検討方法です。問題を小分けにしてパーツごとに考えるのではなく、問題をそっくり丸ごと頭に入れたまま、個々のパーツを吟味します。要素間の関係性は時として全く異なる文脈で生じることがあります。むしろ離れた文脈のものを統合することで、よりイノベーティブなものになることが多いのです。そのため、ある部分だけを見ていてもこうした意外なつながりを見つけることは困難です。全体を俯瞰してあらゆる統合の可能性に目を配る必要があるのです。

4つ目の特徴は、妥協をしないということです。粘り強くこれまで考えられて来なかった斬新なアプローチを模索し、選択肢を対比させる中から創造的な解を見出します。これも3つ目の特徴同様に新しい統合の組み合わせを見つけるために必要な態度です。一見関係のなさそうな組み合わせをしつこく検討することで、ブレイクスルーにつながる新しい関係性を見つけることができます。

こうしてインテグレーティブ・シンキングの特徴を見ると、複雑さを許容し、妥協することなく、安易な二者択一で得られない卓越した答えを出すために、粘り強く統合的にものごとを考えるという特徴があることがわかります。

インテグレーティブ・シンキングはロジカルシンキングの弱点を補完するものです。改めてロジカルシンキングの特徴を見てみましょう。

インテグレーティブ・シンキングの特徴との対比で、ロジカルシンキングの特徴を整理すると次のようになります。第1にロジカルシンキングでは、できるだけファクターをシンプルに削ぎ落とそうとする傾向があります。第2にファクター同士の関係に関しても、直接的な因果関係など、単純な関係性を重視する傾向があります。第3にロジカルシンキングでは、「木を見て森を見ず」となることが多いことが指摘されています。全体を見る人がいなくなると、ありきたりの答えを寄せ集めた結論になりがちになるというデメリットが挙げられています。そして、第4としてロジカルシンキングでは、意思決定において妥協を許容するということも指摘されています。

本書ではインテグレーティブ・シンキングを、ロジカルシンキングとは対照的な考え方だとします。そのため、インテグレーティブ・シンキングはロジカルシンキングではできなかったことを補完する新しい思考法として位置づけられるのです。

インテグレーティブ・シンキングではどんな可能性も排除をせず、新しい解決を生み出すのに対して、ロジカルシンキングでは要素を整理して常識的な解決に落ち着くことを志向します。つまり、ロジカルシンキングでは現状の枠組みで考えがちなのに対して、インテグレーティブ・シンキングでは未来を自らの手でつくろうとするという考え方だということです。

インテグレーティブ・シンキングでは、複雑さに向き合うことの重要性が繰り返し語られています。単純化することからは、創造的な解は生まれないという考え方です。これはデザインが複雑な状況から創造的な解を生み出そうとすることと共通性があります。

どうでしょうか。皆さんは日々の仕事の中でインテグレーティブ・シンキングを意識的に使っているでしょうか。ロジカルシンキングの研修を受けた方は多いのではないかと思います。ロジカルシンキングがトレーニングによって身につけられるように、インテグレーティブ・シンキングもまた意識することによって身につけることができます。

本書が説得的なのは、ビジネスの達人であるマーティンによってこうした主張がなされていることです。マーティンはビジネスプロフェッショナルとしての経験則の中で、単純的な因果関係を追うだけのロジカルシンキングでは創造的な解に到達することが難しい、そのためにはロジカルシンキングとは対照的な方法を身につける必要があると考えたのです。

本書の原題は「The Opposable Mind」と言います。Opposableというのは向かい合わせになっているという意味で、親指が他の指と異なる方向を向いていることで、より器用なことができるという文脈で使われる言葉です。親指が他の指と異なる方向を向いているように、ロジカルシンキングだけでなく、異なる方向のアプローチであるインテグレーティブ・シンキングを用いることで、より創造的なビジネス行うことができるという考え方がタイトルにも込められているのです。

3-4

意味論としてのデザイン

『意味論的転回――デザインの新しい基礎理論』

クラウス・クリッペンドルフ著、小林昭世、西澤弘行、川間哲夫、氏家良樹、國澤好衛、小口裕史、蓮池公威訳　エスアイビーアクセス、2009年

デザインとはものに意味を与えること

インターネットに代表されるポスト工業化時代のデザインのあり方をいち早く意味というコンセプトで予言したのが、クラウス・クリッペンドルフの「意味論的転回」です。

本書は、デザインの本質を、ものそのものの考察から、ものがユーザーを始めとしたステークホルダーに対してどのような意味を持つかであると位置づけました。『意味論的転回』というタイトルが示しているのは、もの視点から意味視点への転回ということです。

本書では、著者のクリッペンドルフ自身が1960年代に書いた論文のタイトルを引用しながら「デザインとは物に意味を与えることである」と明確に宣言されています。さらに、デザインの実践は専門家に留まるのではなく、人間に一般的に備わっている活動として捉えることができるという姿勢を明確にしています。

デザインの語源は、ラテン語のdesignareにまで遡ることができます。designareには、際立たせる、区別する、意義を持たせるといった意味があります。その後、デザインの定義として、形を際立たせるというところに焦点が当たるようになっていきました。デザインが元来もつ定義に立ち返り、デザインは意味を創り出す活動であることを明確にするのが本書の目的です。

感覚、意味、行為

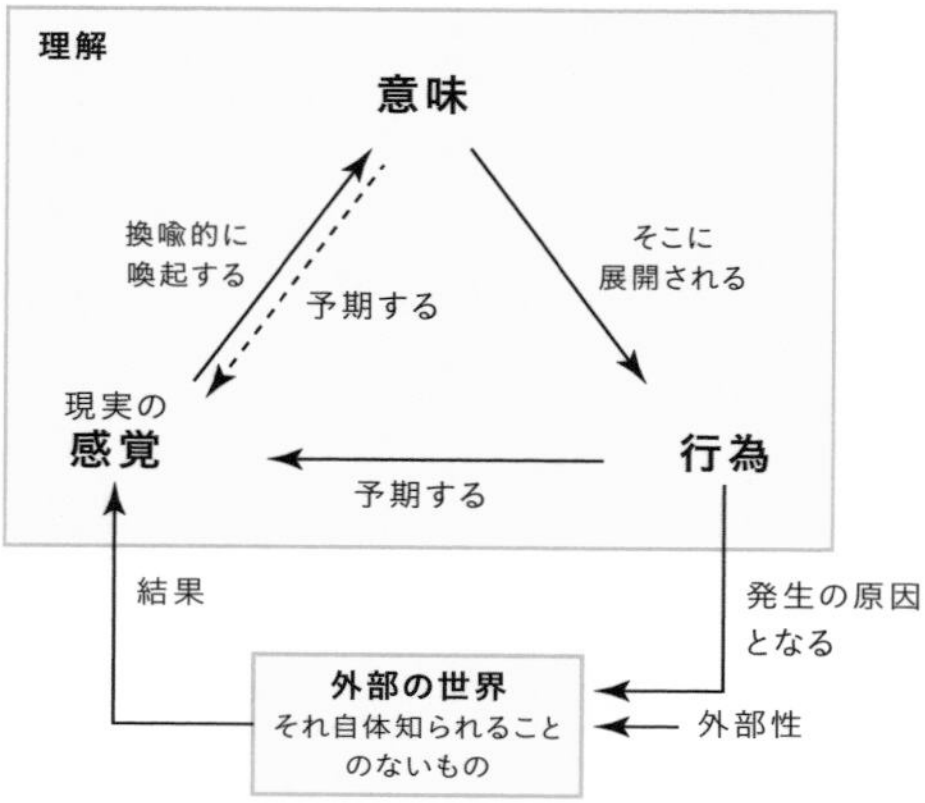

クリッペンドルフ『意味論的転回―デザインの新しい基礎理論』p.64

クリッペンドルフは「人は物の物理的な質ではなく、人に対するそのものの意味に基づいて理解や行動する」と述べています。このことを端的に表したのが「感覚、意味、行為」の図です。外部の世界を知覚し、感覚が発生し、その感覚から意味が生成され、その意味に基づいて行為が行われるという図です。人の行動を左右するものとして意味の重要性が捉えられています。

著者のクラウス・クリッペンドルフは、ドイツに生まれたデザイン研究者です。ドイツの工科大学を卒業後、デザイン研究機関であるウルム造形大学を経て、その後活動拠点をアメリカに移し、長くアメリカでデザイン研究者として活躍しました。

ウルム造形大学とは、戦前のドイツにあったモダンデザインの金字塔であるバウハウスの理念を引き継ぐ形で、第二次世界大戦後ドイツに設立されたデザイン学校です。１９５３年に設立され、１９６８年にその幕を閉じるまで、短い期間でありながら現代に通じるデザインの科学のあり方を確立した研究教育機関としても知られています。

クリッペンドルフのこの「意味論的展開」も、ウルム造形大学で議論されていたデザインの科学の流れを引き継ぐものです。

工業化社会からポスト工業化社会へ

本書においてクリッペンドルフが注目したのは、工業化社会からポスト工業化社会への変化という視点です。本書の原書が出版されたのは２００６年ですが、それ以前からクリッペンドルフは、ポスト工業化社会におけるデザインのあり方、そしてそこにおける意味の重要性についてを研究してきました。

クリッペンドルフは、１９８４年にプロダクトセマンティクス製品論という論文を発表しています。[1] この論文においてクリッペンドルフは、製品の意味は最初にものの形によって実現さ

(1) Krippendorff, K., & Butter, R. (1984). Product Semantics: Exploring the Symbolic Qualities of Form, Innovation, 3(2), 4-9.

社会的次元のシフト

工業化の時代		ポスト工業化の時代
	主要通貨	
物質とエネルギー	→	個人やコミュニティーによる注意
	主要な不平等	
経済的なこと	→	技術やノウハウや教育へのアクセス
	主要な構造	
義務の階層	→	関わりのネットワーク（異階層）
	関心の衝突	
領土的な争い	→	市場の競争、観戦スポーツ、選挙
	知識	
（自然の）科学的な理論	→	社会的に構成される、変形する
	存在論的説明	
機械的／因果的	→	創造し、構成し、現実化する能力
	デザイン	
技術中心	→	人間中心

クリッペンドルフ『意味論的転回―デザインの新しい基礎理論』p.16

れるが、最終的にその製品を利用するユーザーとの関係、その背景にある技術的、心理的、社会的な文脈によって規定されると主張しています。

本書では「社会的次元のシフト」という図で、工業化時代からポスト工業化時代への変遷が説明されています。クリッペンドルフのポスト工業化社会の見立ては、物質的な価値からコミュニティ的な価値への変遷や、ヒエラルキー的な構造からネットワーク的な構造など、現在の社会を象徴する変化が述べられています。

このような社会において、機械的な因果関係に基づいた説明だけではなく、創造したり、現実にしたりする力が重要であるとされています。この中でデザインの役割は技術中心から人間中心になるとされているのです。クリッペンドルフが述べている人間中心という概念は、『誰のためのデザイン？』のドナルド・ノーマンが述べていた使いやすさという観点の人間中心的なデザインをさらに拡張するものです。

クリッペンドルフの人間中心概念において重要なのは、ユーザーという使い手個人の存在だけではなく、その周囲にいるステークホルダーやコミュニティも含めるという考え方です。工業化の時代において、提供者と使い手であるユーザーの間に格差があり、デザイナーはその間に立って、ユーザーのことを代弁する必要がありました。ポスト工業化の時代においては、ユーザーも情報力と影響力を持つようになります。さらにユーザーも一元的な存在ではなく、多様なニーズと価値観を持った集団となります。この段階においてユーザー中心主義を多様なステークホルダーも含めた新しい人間中心のデザインとして捉え直す必要性があると指摘しています。

人間中心デザインにおける重要な概念としてクリッペンドルフは、二次的理解という考え方を示しています。端的に言うと二次的理解とは、他の人を理解することです。

ポスト工業化の時代において、ものそのもののあり方ではなく、そこから生じる意味がデザインの対象となるのであれば、受け手であるユーザーやステークホルダーがそのものをどのように認識するか、どのような意味を感じるかということが大切になるのです。

二次的理解の対義語は一次的理解です。一次的理解とは、デザイナーが神の目を持ち、客観的にものごとを観察するという考え方です。一方で、二次的理解では、デザイナーもステークホルダーの関係者も、同等にものごとの意味を認識する主体であると考えます。

つまり、デザイナーは、ステークホルダーの理解も理解する必要があるわけです。これは、この本で述べてきた共感・エンパシーとも近い考え方です。デザインの重要な役割として、人に共感する、人に寄り添って考える、そして自分もそんな輪の一員になるという考え方です。

■デザインの対象の拡張

本書ではデザインが対象とする人工物の変遷についても言及されています。デザインの対象は、製品から始まって、商品、サービス、コミュニティ、そしてインターフェース、マルチユーザーシステム／ネットワーク、その先にあるプロジェクト、ディスコースに拡張していくという流れです。

PCやスマートフォンの普及に伴って、デザインの対象は製品からインターフェースやシステムに拡張しました。今まさに起ころうとしている変化はプロジェクトやディスコースへの拡張です。デザインは、多様なステークホルダーがプロジェクトの目的や意義のもとに集い活動

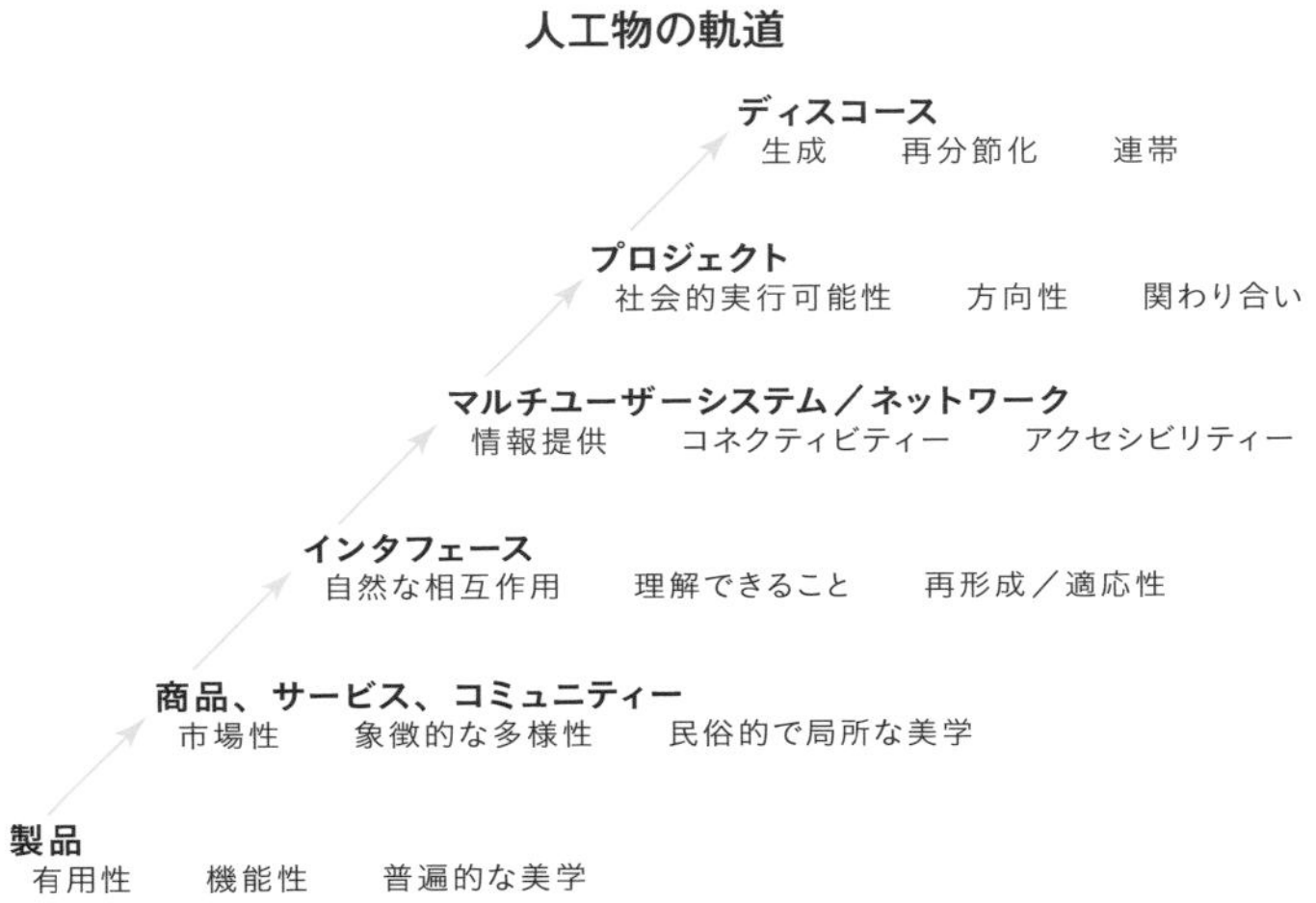

クリッペンドルフ『意味論的転回―デザインの新しい基礎理論』p.7

するプロジェクトになっていくという考え方です。日本でも、企業間連携や副業の流れで仕事のプロジェクト化が進んでいます。

プロジェクトとしてのデザインの先にあるのが、ディスコース（言説）です。ディスコースとは、組織化された話し方、書き方、行動の仕方であると定義されています。一定の社会集団の中で、その対象がどのように語られているかということです。その語られ方（ディスコース）は、コミュニティのメンバーの能動的な行動を促し、世界のあり方を形成していくのです。デザインが一部の専門家に留まるものではなく、より多くの人々に開いていくという考え方も、ディスコースの特徴だと言えます。

本書の目指すところもそんなディスコースの形成です。デザインの役割がディスコースの形成に至り、形成されたディスコースが社会に共有され、より多くの人が能動的に行動していく、そんな姿が人間中心的なデザインの新しいあり方であると、クリッペンドルフは予言しているのです。

3-5

意味のイノベーション

『デザイン・ドリブン・イノベーション』

ロベルト・ベルガンティ著、立命館大学DML訳
クロスメディア・パブリッシング、2016年

デザイン思考の限界を越える意味のイノベーション

本書のテーマは意味のイノベーションです。新しい意味をつくることが急進的（radical）なイノベーションの源泉となる。このことをこれまでのテクノロジーやマーケット起点のイノベーションではなく、デザイン起点のイノベーションだと定義しました。

これまでイノベーションの方法として知られていたのは、技術の躍進によってもたらされる製品の進歩、すなわちテクノロジー・プッシュ型。そして、ユーザーのニーズを的確に分析することからもたらされる問題解決型のアプローチであるマーケット・プル型の2つでした。そこに新たなデザイン起点のイノベーション戦略として、意味の急進的なイノベーション（the radical innovation of product meanings）である「デザイン・ドリブン・イノベーション」という概念を提唱したのが本書です。

本書の冒頭で、アルテミデというイタリアを代表する照明器具メーカーが、メタモルフォーシーという製品をつくった時の話が紹介されています。メタモルフォーシーは、その時の気分や必要に合わせて色の調整ができる照明のシステムです。単なる照明のための道具という枠を超えて、人々の情緒に訴えかける斬新な商品です。

重要なのは、この商品を開発する時に顧客や市場のニーズを一切聞いていないということで

3つのイノベーション戦略

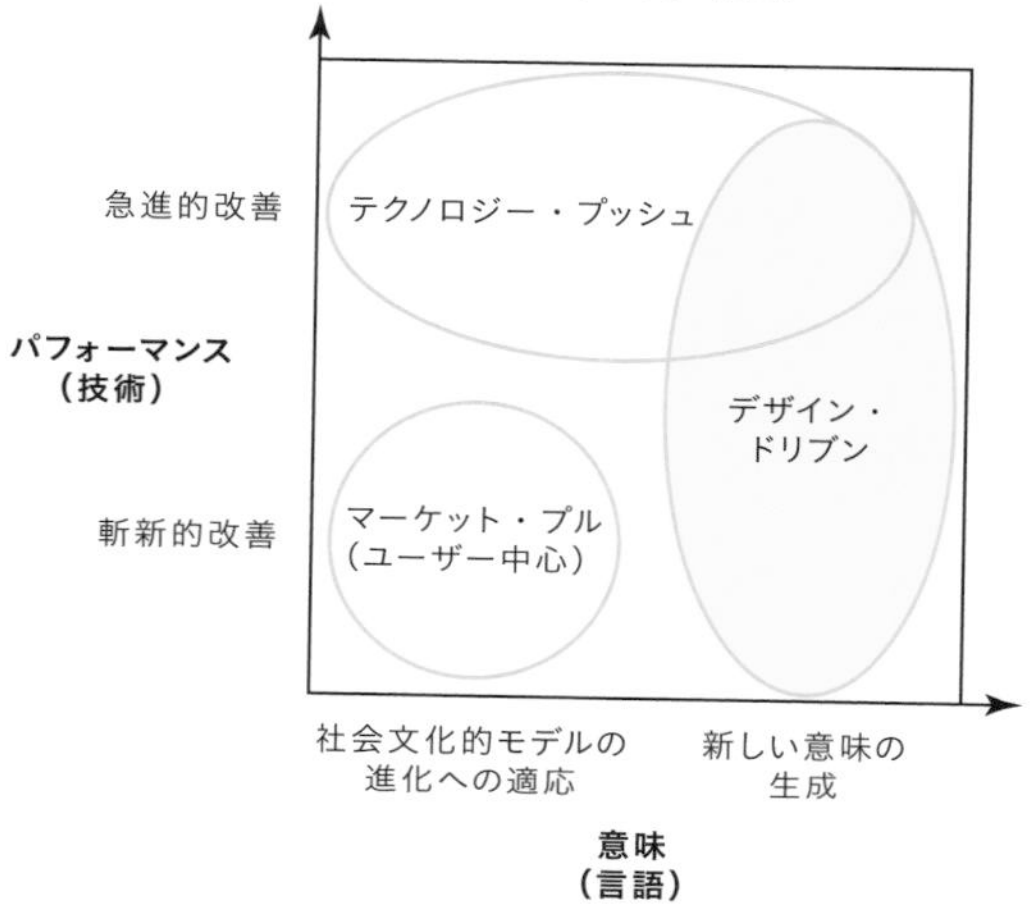

ロベルト・ベルガンティ『デザイン・ドリブン・イノベーション』p.91

す。本書では、アルテミデの担当者の「誰も市場のニーズなんて見ちゃいないよ。私たちは人々に提案をしているんだ」という言葉が紹介されています。アルテミデの担当者が指摘しているのは、人々がすでに照明に対して抱いているイメージを超えて、顧客が想像もしなかった新しい意味を提案することの重要性です。

顧客や市場ニーズを聞かなくてもいいと聞くと、デザイン思考や人間中心デザインの考え方と反するのではないかと思われるかもしれません。ベルガンティが意味のイノベーションを提唱した背景は、人間中心デザインだけでは成立しなかった価値のあり方を提示するためだったのです。

他の多くの学問領域がそうであるように、

デザインの領域もまた、それまでの考え方を批判的に捉え、それを乗り越える新しい考え方が提示されてきました。ベルガンティはデザイン思考の先駆者であるIDEOのことも引き合いに出しながら、ユーザーのことに過度に耳を傾けるイノベーションのあり方を批判の対象にしました。

この批判のスタンスはベルガンティだけではなく、デザイン思考に対する批判として時折見受けられるものです。デザイン思考は顕在化したユーザーのニーズを捉え、改善的なイノベーションしかできないのではないかという批判です。

デザインシンキングやユーザー中心デザインのところにも書きましたが、デザインシンキングやユーザー中心デザインはユーザーのいいなりになっているのではないかと指摘されることがあります。実際のデザインの現場ではユーザーのことを一方的に聞くというよりは、ユーザーからインスピレーションを受けながら、あるいはユーザーとの対話の中で新しいデザインをつくるということも行われています。

ベルガンティが批判したのは、人間中心デザインが既存の意味に対して疑問を投げかけることをせず、すでにある意味を強調しているだけではないかという点でした。ベルガンティはこうした批判を通じて、人間中心デザインではなし遂げられていないイノベーションの形を提示しようとしたのです。

ベルガンティが重視するのは、ビジョンを提示をするということです。ビジョンとは人々のニーズを調べて作ったものではなく、逆に人々がそれを目にした時、初めて「これを待っていたんだ」と感じるようなものです。

ベルガンティは、意味のイノベーションの代表的な例として、任天堂のＷｉｉやアップルのｉＰｏｄ、アメリカの小売店であるホールフーズマーケット、そしてイタリアのインテリアブランドであるアレッシィなどを紹介しています。いずれの例もユーザーに直接ニーズを聞いたというよりも、そのカテゴリーにおける新しい意味を創造し、市場を作った例です。

■ 成熟社会の市場において高まる意味の重要性

意味のイノベーションというコンセプトはわかりやすく明確であり、人々を引きつけるものでした。そのため、ベルガンティの当初の想定を超えるような形で、この考え方は支持されています。ベルガンティが、意味のイノベーションをデザイン・ドリブン・イノベーションという形で位置づけたことも、デザインの本質は意味をつくることであるというクリッペンドルフからも受け継がれた考え方であると言えます。

意味のイノベーションがビジネスに与えた影響は、急進的でラディカルなイノベーションが技術だけではなく、意味によっても生まれるのであるということを明確にしたことです。不便な生活が解消し、物質的には満たされるようになった成熟社会において、顧客は製品の実利的な機能だけではなく、感情的な意味を期待しているのです。

ベルガンティが意味のイノベーションのコンセプトに気づいたのは、イタリアの家具やファッション産業の経営分析からでした。イタリアの企業は家具やファッションという領域において、製品の機能ではなく、意味を価値の源泉としていたからです。その1つの例が本書でも紹介されているアルテミデの例になります。

実際のビジネスのプロセスにおいて、どのように意味のイノベーションを生み出せばいいのでしょうか。本書と本書の後に続いて出版された『突破するデザイン』からいくつか紹介したいと思います[1]。

ベルガンティは、意味のイノベーションを創出する上で解釈が大切だと言います。まさにこの本で繰り返し述べている、解釈を通じて新しい意味をつくるというデザインの本質の1つです。解釈をするということは、対象に対していくつもの角度から光を当てて、新しい意味の可能性を探るということです。

組織の中で豊かな解釈を生み出すために、ベルガンティは最初は1人から始まり、多様な

（1）ロベルト・ベルガンティ著、立命館大学経営学部DML訳『突破するデザイン　あふれるビジョンから最高のヒットをつくる』日経BP、2017年

人々に広がっていく解釈のステップを示しています。最初のステップは、自分の仮説を自分自身が批判精神を持って深め広げるという段階です。2番目に、信頼できるパートナーとペアを組み、疑問をぶつけ合うスパーリングの段階に移ります。3番目に、複数のペアが集まって、異なる仮説を比較、融合するラディカルサークルの段階があります。4番目に、異なる視点を持つ専門家から意見をもらいます。そして最後に、プロトタイプをつくり、顧客に実際に試してもらい、そこからフィードバックを得ます。

このステップは、この本のテーマでもある共感・エンパシー、統合・シンセス、試行・プロトタイプとも親和性があります。意味のイノベーションにおいて特徴的なのは、最初のステップが自分から始まるということです。そして、解釈の場が段々とペアから解釈者のネットワークへと広がっていくというモデルになっています。

意味のイノベーションでは、多様な解釈を可能にするスパーリングの相手やラディカルサークル、そして解釈者のネットワークが重要だとされています。

組織の中に閉じこもるのではなく、外にオープンに開いて、多様な人たちとつながっている。対話を通じて、その中から様々な新しい解釈や意味が生まれ、それがイノベーションの源泉となっていくという考え方です。

外の世界と開かれたネットワークを持ち、対話を継続することが意識的に行われている企業はどれくらいあるでしょうか。単に組織外のネットワークとつながっている、あるいはそこから情報を得るということに留まらず、創造的な組織になるためには、対話と意味の解釈にまで発展させることが大切なのです。

3-6

メタファー

『レトリックと人生』

ジョージ・レイコフ、マーク・ジョンソン著、渡部昇一、楠瀬淳三、下谷和幸訳
大修館書店、1986年

メタファーが人の認識を形づくる

新しい意味を生み出す時に大きな役割を果たすのがメタファーです。メタファーとは比喩の一部であり、日本語では隠喩と翻訳されます。私たちの生活や社会における意味形成において、メタファーが果たす役割は思いの外大きいのです。これを端的に示したのが本書『レトリックと人生』です。

本書で述べられているのは、人間の認識におけるメタファーの影響の大きさです。例えば本書で何度か紹介されるメタファーの1つに「時は金なり（time is money）」という表現があります。時間そのものが貨幣というわけではないので、これはメタファー的な表現です。

このメタファーが、ものごとの認識に大きな影響をもたらします。例えば「時間を浪費している（wasting）」、あるいは「節約する（save）」と言った表現は時間を貨幣と認識するメタファーが背景にあります。

別の例として「恋愛は旅である（love is a journey）」という表現も紹介されています。このメタファーに関連する表現として「二人は岐路に立っている（at a crossroads）」「僕らはもう引き返せない（turn back）」「僕らの結婚は暗礁に乗り上げている（on the rocks）」と言った表現が挙げられています。「恋愛は旅である」というメタファーが、恋愛に対する認識のフレームワークを形作っているのです。

著者のジョージ・レイコフはアメリカの言語学の研究者です。マーク・ジョンソンは同じくアメリカの哲学の研究者です。ともに言語が人間の認識に与える影響に高い関心を持っていました。本書は1980年に出版され、それ以降世界中の多くの人に読み続けられているメタファーに関する基本的な書籍の1つです。学術書と一般書の間の程よい詳しさが本書をロングセラーにしている背景でもあります。

本書の原題は「Metaphors We Live By」です。本書の翻訳が出た1980年代にはメタファーという言葉がそれほど日本では定着していなかったためか、翻訳ではメタファーの代わりにレトリックという言葉が使われています。

■メタファーの世界観が認識の土台となる

本書が示すのは、メタファーがわれわれの認識に大きな影響を与えているということです。このことで思い出すのはビジネス、特にマーケティング領域には戦争関連のメタファーが多いということです。例えば戦略や戦術という言葉はもともと軍事用語です。他にも顧客のことをターゲットと言ったり、宣伝活動のことをプロパガンダを彷彿させるキャンペーンと言ったりします。

関連するメタファーとして、本書では議論は戦争であるという表現が紹介されています。英語特有の表現という側面もありますが、議論の弱点を攻撃するとか、的を得る、議論を粉砕すると言った戦争関連の言い回しが用いられていることが紹介されています。

このようにメタファーは、その領域の認識をつくる世界観を枠組みとして提供するのです。本書ではこのことをゲシュタルトという考え方で紹介しています。ゲシュタルトにはもともとドイツ語で形という意味があります。心理学や認知科学では、ものごとを部分の集合ではなくて全体的な構造で捉えるという考え方があります。ゲシュタルトもそんな全体的な構造で認識するという概念の1つです。ものごとが1つのメタファーで捉えられることで、そのメタファーが持つ世界観がそのものごと周辺の認識に広がっていくという考え方です。

本書では興味深いメタファーの例が紹介されています。英語的な表現ではありますが、アイデアを食べ物（food）と捉えたり、人（people）と捉えたり、植物（plants）と捉えたり、製品（products）と捉えたり、資源（resources）と捉えたりと様々なメタファーの元でのアイデアの認識が紹介されています。

ビジネスを戦争と捉えるのか、コミュニティと捉えるのか、あるいはファッションと捉えるのか、どのようなメタファーをその世界に与えるかが、その世界の可能性を規定すると言えます。

メタファーの力を使って新しい意味を創造する

このような人間の認識に影響力を持つメタファーは、新しい意味の形成にも大きな役割を持っています。新しいメタファーを創造することは、新しい意味の形成につながります。

本書でも、既存の概念に意味を与えるという役割に加えて、新しい意味を創るというメタファーの役割が紹介されています。本書では「恋愛は芸術作品の合作である（Love is a collaborative work of art）」という恋愛に新しい意味を付与するメタファーが紹介されています。

このメタファーによって、われわれのこれまでの恋愛経験がメタファーが提示する世界観で説明されるようになります。それだけではなく、メタファーによって今後の恋愛に関する新しい意味形成が行われるのです。例えば本書では「恋愛は協力が必要である」「恋愛は価値観と目標を共有しなければならない」「恋愛には創造性が必要である」といった恋愛に関する新しい考え方が派生することが述べられています。

「恋愛は芸術作品の合作である」というメタファーによって、恋愛を旅であるとした先ほどのメタファーが示す世界とは異なる恋愛の世界観を感じることができます。また、協力という能動的な意味を持ったメタファーで恋愛が捉えられることによって、恋愛が能動的にコントロールできるものだという認識が生まれます。

これは恋愛を旅であるというメタファーで捉え、恋愛が受動的なものとして認識されていた時とは異なる新しい意味が生まれているということなのです。協力（collaborative work）という能動的なコンセプトから、作業（work）、創造（creation）、目標の追求（pursuing goals）、構築する（building）、助ける（help）と言った能動的な態度が、新しく恋愛という概念に付与されます。

新しいものを創造する時にメタファーが活用されている事例は、身の回りのものにも多く確認することができます。ここではその1つとして、現在ではパソコンのオペレーティングシステム（OS）で広く用いられている「デスクトップ」のメタファーの例を紹介したいと思います。

われわれはパソコンを操作する時に、それほど意識することなく、デスクトップやフォルダ、ファイルといった概念を使っています。冷静に考えると気がつくのですが、これらは全てメタファーです。パソコンの黎明期に、当時はまだ抽象的だったコンピューターの概念を、親しみやすくどんな人でも操作できるようにメタファーの力を借りて具現化したのです。

こうした考えのもとつくられたソフトウェアのインターフェースは、グラフィカル・ユーザー・インターフェースと呼ばれました。人々が直感的に操作できるように、複数のウィンドウをマウスで掴んだり離したり、場所を変えたりするデザインになりました。ちなみにウィンドウもマウスもメタファーです。

さらに新しいものをより身近にするために採用されたのが「デスクトップ」のメタファーです。デスクトップ、つまり机の周辺にあるような紙の文章の形状のアイコンが採用され、文章アイコンを格納する場所には物理的な文章を格納するフォルダのアイコンが適用されました。

机の上にある文章をフォルダにしまうという、実際の空間での操作をコンピューターという抽象的な空間にメタファーとして再現したのです。それまで一部の専門家しか使えなかったコンピューターが、より多くの人が使える道具となった背景にはメタファーの力がありました。

3-7

パタン・ランゲージ

『パタン・ランゲージ―― 環境設計の手引』

クリストファー・アレグザンダー他著、平田翰那訳
鹿島出版会、1984年

個別のパタンのネットワークが全体をつくる

パタン・ランゲージとは、ものごとの構成要素をパタンとして抽出し、パタン同士の関係性として全体像を描くというデザイン方法論です。建築家のクリストファー・アレグザンダーによって建築都市デザインのデザイン方法論として、1977年（日本語訳は1984年）に出版された本書によって提唱されました。

本書の冒頭に登場する具体的なパタンを見てみましょう。ここでは公園や街路、住宅などを生み出すためのパタンとして、次の10個が紹介されています。1．街路を見おろすテラス、2．日のあたる場所、3．戸外室、4．一間バルコニー、5．歩行路と目標、6．天井高の変化、7．隅の柱、8．玄関先のベンチ、9．さわれる花、10．まちまちの椅子と言ったものです。

この10個のパタンのリストが1つのランゲージとなり、建築都市空間を形成するという考え方です。これらのパタンは、「玄関先のベンチ」のようなハード的なものだけではありません。「日のあたる場所」のような環境の特徴を記述したものや、「さわれる花」のような自然環境に言及したものまで多様です。本書では、1番目の「自立地域」から、253番目の「自分を語る小物」に至る253のパタンが記述されています。

先ほどの10個のパタンの中から1つピックアップして詳細に内容を見てみましょう。161番のパタンである「日のあたる場所（SUNNY PLACE）」の内容です。各パタンの説明では、最初にパタンを象徴するようなビジュアルが掲載されています。日のあたる場所のパタンでは、子供が建物のすぐ外で、まさに日の光を浴びて気持ちよさそうにしている写真が目に入ります。

その次にそのパタンに関連するパタンの紹介がなされます。日のあたる場所では、「南向きの屋外（105）」「建物の外縁（160）」「戸外室（163）」と言った周辺のパタンについて言及があります。パタン・ランゲージとは、個別のパタンだけではなく、関連するパタンとの関係性において、魅力的で豊かな空間ができるという考え方なのです。

その後にパタンを説明する短いメッセージが記載されます。日のあたる場所では、「建物の南面に接する領域──外壁と日の差す地面との交差部分──は、日光浴のできるような場所に発展させねばならない」と述べられています。

さらに105番目のパタンである「南向きの屋外」における日の当たる場所の役割が詳細に説明されます。これを見ると、「南向きの屋外」というパタンの1つの構成要素として「日のあたる場所」が位置づけられていることがわかります。

最後に、その場所を部屋のようにつくるのであれば「街路を見おろすテラス（140）」、「戸外室（163）」のパタンを、樹木やキャンバス地で暑い日の日光を和らげるのであれば「柔らげた光（238）」「格子棚の散歩道（174）」「キャンバス屋根（244）」「腰掛の位置（241）」

といった具合に関連するパタンが紹介されます。

パタン・ランゲージでは、このように要素と要素がネットワーク的につながりながら、それぞれを行ったり来たり相互参照されます。この感覚はウェブサイトを見ている感覚にも近いものがあります。さながら本書を、閉じたインターネットと捉えることもできるかもしれません。

1つのパタンには複数のパタンへの言及があり、その複数のパタンを見に行ってみると、また別のパタンへの接続がある。そして、いくつかのパタンを行ったり来たりすることによって、おぼろげに建築や空間の姿が浮かび上がってくるのです。

ツリーからセミラティスへの転換

建築都市デザインのデザイン方法論として生まれたとは言え、その後のWEBにもつながるような普遍性をもったデザイン方法論を構想したアレグザンダーとはどのような人物なのでしょうか。

アレグザンダーは、1936年にウィーンに生まれた後、両親とともにイギリスに移住し、ケンブリッジ大学で数学を学びました。その後、アメリカに渡りハーバード大学に進みます。

アレグザンダーの名前を一躍有名にしたのは、彼がハーバード大学へ提出した博士論文である「Notes on the Synthesis of Form」です。この論文はその後書籍として出版され、日本でも『形の合成に関するノート』という翻訳で出版されています。[1]

ここでは「合成」と訳されていますが、この本では「統合」として扱ってきたsynthesisという概念に目がいきます。アレグザンダーは、形（form）を形成するためには、どのような合成・統合がありえるかということに取り組みました。この問題に対して、アレグザンダーは当時実用化の過程にあったコンピューターをいち早く取り入れ、数学的な解析手法でモデル化しようとしたのです。

当時、属人的なアプローチだったデザインを方法論化し、最新のテクノロジーだったコンピューターを使って解析するということはとても斬新だったようで、世界のデザイン関係者から大きな注目を集めました。全てのデザイン行為がコンピューターによって自動化されてしまうのではないかとも思われた側面もあったようです。

アレグザンダーのもう1つの発見は、デザインの全体構造には階層構造があると考えたことです。そして、この階層が要素の集合によって形成されていて、それらがボトムアップ的に下から上へと合成していって形が実現していくとしたことです。これはその後の『パタン・ランゲージ』につながる視点でもあります。

ここまでが『形の合成に関するノート』です。この時点でアレグザンダーは、この階層構造をお互い要素が排他的に分類されるツリー型のものとして想定していました。ところが、都市や建築のデザインを改めてみると、都市を構成する要素は相互連関的であり、ツリーのモデルでは単純すぎることに気がつきました。

そこでアレグザンダーが発表したのが『都市はツリーではない』という小論です。アレグザンダーは、20世紀初頭から半ばにおいて各地で建設された人工都市を分析し、これらの都市において本質が欠けているのは、ツリー構造のモデルに依拠しているからなのではないかと批判的に捉えます。

これに対して、自然に発展した都市を説明するモデルとして、要素が排他的に分類されず、相互につながり合う「セミラティス」という概念を持ち込みます。『形の合成に関するノート』で提唱した自説も覆し、都市デザインの大きな成果であった人工都市をも批判の対象とし、新しい理論の境地を開いていくその姿勢は鮮やかでした。

(1) クリストファー アレグザンダー著、稲葉武司、押野見邦英訳『形の合成に関するノート/都市はツリーではない』鹿島出版会、2013年

セミラティス構造

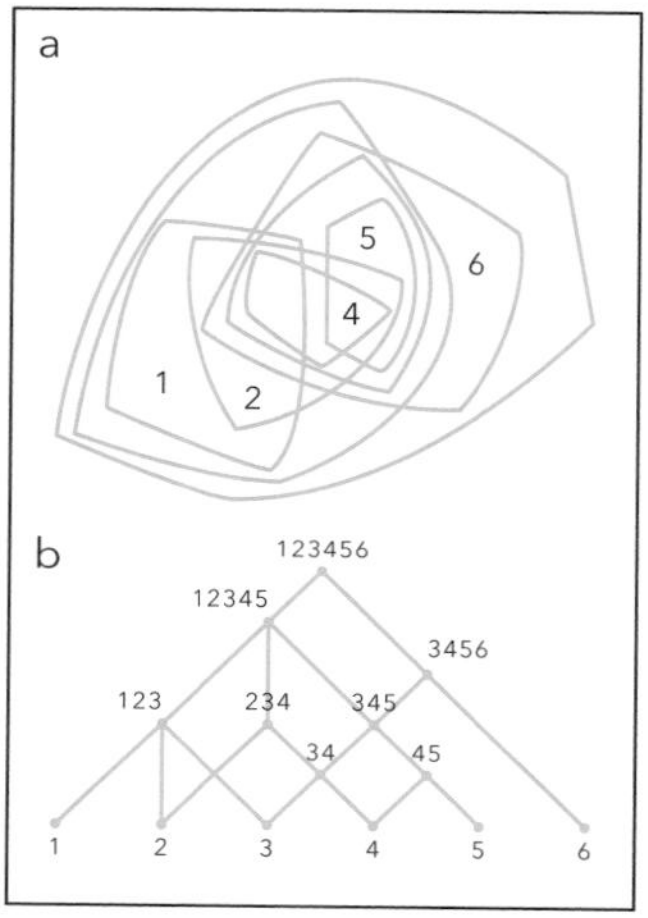

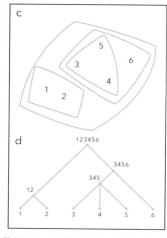

クリストファー・アレグザンダー『形の合成に関するノート／都市はツリーではない』p.222

『パタン・ランゲージ』はこうした過程の中で生まれました。『パタン・ランゲージ』においてアレグザンダーはもう一つの発展を試みます。それは、『形の合成に関するノート』で示したコンピューターの人工言語によるモデル化ではなく、自然言語でのモデルの記述です。このスタンスを明確にするために、要素であるパタンを合成し記述するものは「ランゲージ」であるとしました。そして、要素と要素がセミラティス状に相互につながり、全体としてのデザインが形成されるデザイン方法論が確立したのです。

■ビジネスがパタン・ランゲージから学べること

ビジネスにおいて、パタン・ランゲージはどのように活用することができるでしょうか。パタン・ランゲージに先行する書籍のタイトルがまさに『形の合成に関するノート（Notes on the Synthesis of Form)』であることからもわかるように、パタン・ランゲージは、統合・シンセシスの方法論として活用することができます。

その統合・シンセシスのあり方の特徴は、ツリーではなくセミラティス構造だということが重要です。統合の元となる要素は、上位の要素に一方的に従属するのではなく、様々な要素と多様な形でつながることが本質的な価値創出に結びつくのです。

一方、通常のビジネスではセミラティスではなく、ツリー構造が好まれます。一義的な法則がツリー構造でトップダウン的に伝達され、構成要素を規定していくモデルです。ここにもアレグザンダーが捉えた、ツリー構造の人工都市とセミラティス構造の自然都市の対比と同じ課題が浮かび上がります。ビジネスにおけるツリー構造には、人工都市同様の限界があるのです。

ビジネスがパタン・ランゲージの考え方から学べるのは、ツリー構造の合理性や機能性は維持しつつも、時にはツリーの壁を超えてセミラティス的に他の系統とつながり、合成・統合を行うことで新たな意味付けが生じるということです。

アレグザンダーが、紆余曲折を経て到達した自然言語によるセミラティス構造の合成・統合モデルが、様々な領域にインスピレーションを与え続けるのは、合理主義の限界を超えた創造的アプローチへの示唆を多く持っているからです。ビジネスもツリー構造の限界を超えて、セミラティス構造の合成・統合モデルを活用することで、新たなブレイクスルーに到達することができます。

3-8

ビジュアルシンキング

『The Back of the Napkin: Solving Problems and Selling Ideas with Pictures』

Dan Roam著
Portfolio、2008年

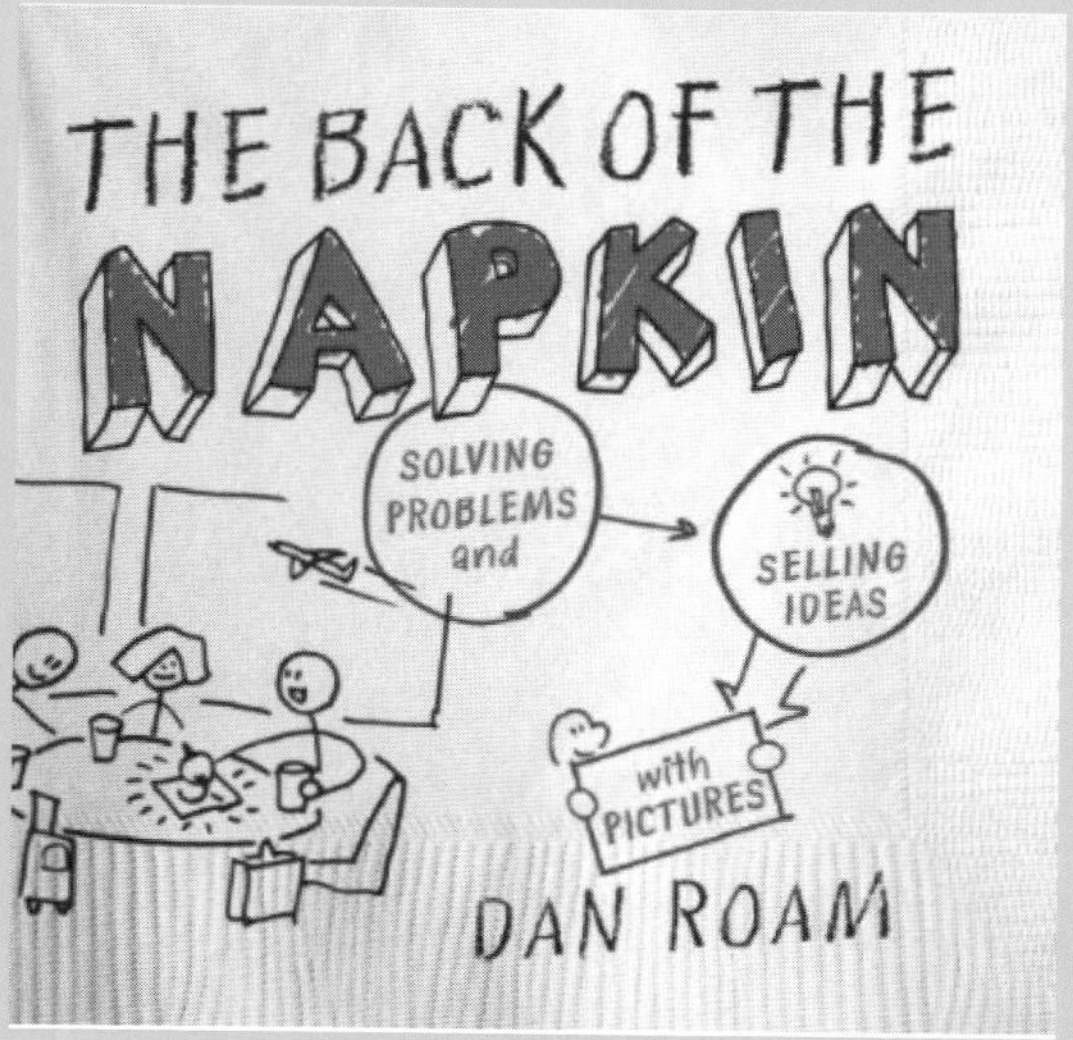

紙ナプキンの裏にさっと描くアイデアスケッチ

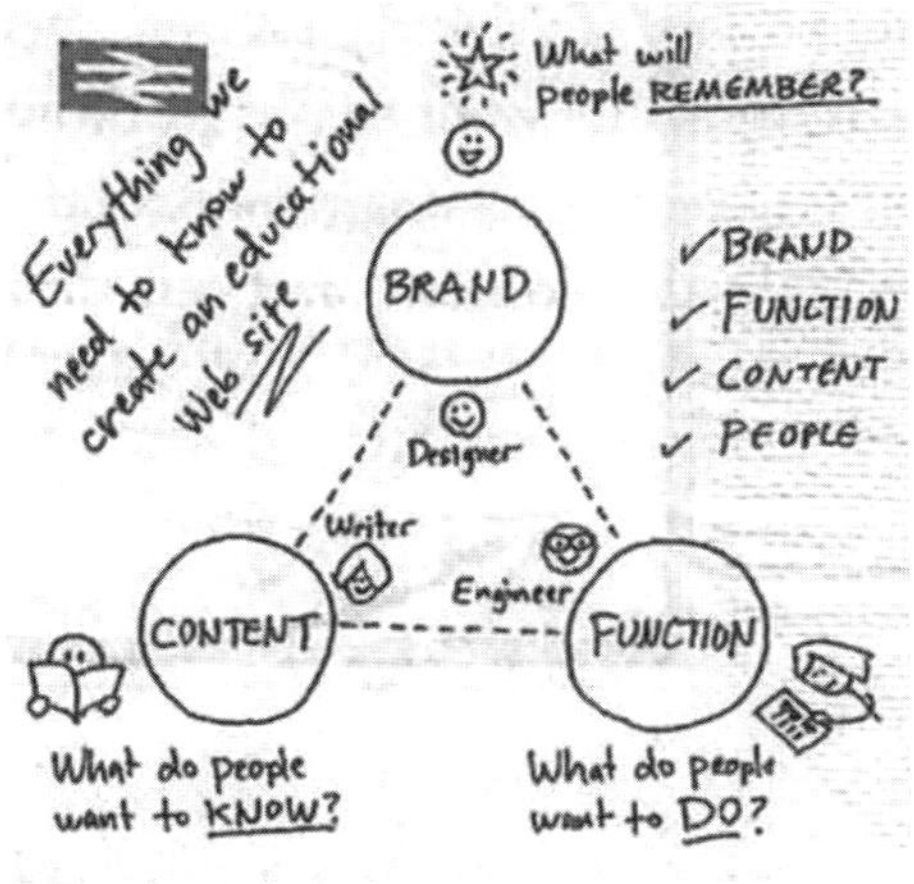

（出所）『The Back of the Napkin』（Dan Roam, Portfolio）

■紙ナプキンに描くスケッチの力

本書は実は日本語版も存在するのですが[1]、ここではあえて英語版を紹介したいと思います。その理由は英語版の『The Back of the Napkin（紙ナプキンの裏）』というタイトルがとても秀逸だからです。

紙ナプキンの裏というタイトルを聞いて何のことを言ってるのか、何が秀逸なのかと思う方もいると思います。アメリカのレストランに置いてある紙ナプキンは、日本のものと比較すると大きさが2倍ぐらいあって、厚みもそれなりなものだったりします。本書のタ

（1）ダン・ローム著、小川敏子訳『描いて売り込め！　超ビジュアルシンキング』講談社、２００９年

イトルは、そんな紙ナプキンの裏にさっと描くぐらいの気軽さで行うスケッチや絵の力は計り知れないということを表現しています。

このことは、著者のダン・ロームが実体験をもって感じたことです。本書の冒頭にそのエピソードが紹介されています。ロームの同僚が急病になって、翌日に開催されるウェブサイト作りに関する講演会のスピーカーを急遽担当することになりました。あまり準備ができない中、アメリカからイギリスにフライトで移動して、ロンドンから会場のシェフィールドまでの鉄道に乗ることになりました。

その時まで講演の内容はほぼノープラン。ところが、食堂車で朝食をとっている時に、先方の担当者に講演のスライドの内容を見せてほしいと言われてしまいます。あせったロームは、とっさにテーブルの上にあった紙ナプキンを使って、講演内容をスケッチで表現したのです。

ロームは有益なウェブサイトをつくるためには次の3点が重要です、と言いながら、紙ナプキンに3つの円を描いて、「ブランド」「内容」「機能」というタイトルをそれぞれの円に書きました。そして、それぞれの円に対してちょっとしたイラストをつけ、円の説明文書を付け加えました。その後、3つの円を三角形になるように点線で結び、それぞれの円に関わるデザイナー、ライター、技術者という人の顔を書き込みました。最後に教育についてのウェブサイトをつくるために知っておくべきことという全体のタイトルをつけました。

相手に見せたのは、スライドでも講演のスクリプトでもありませんでしたが、この紙ナプキンに描いたスケッチを使ったコミュニケーションは、わかりやすい！　と担当者の心を掴んでしまったのです。結果、ロームは実際の講演会でもスライドを全く使わず、その場でこのナプキンに描いたスケッチと同じものを順番に描きながら、聴衆にウェブサイトをつくるための3つの重要なポイントについて説明しました。

ロームはこの経験でビジュアルのパワーを改めて感じました。ビジュアルの効果として、漠然としていたアイデアを明確にする力を認識したのです。紙とペンさえあれば瞬時に形にすることができます。さらに、実際に聴衆の前でスケッチを描きながら説明することで、聴衆の関心を引き出すことができたのです。

ここでのポイントは、じっくりと時間をかけてコンピューターを使って精緻なビジュアルをつくったわけではないということです。ナプキンに描くような簡単なスケッチにこそアイデアを発想し、他の人に瞬時にアイデアを伝え、共感してもらえる効果があるということです。これが『The Back of the Napkin』というタイトルが本書のコンセプトを端的に表した秀逸なものであるという理由です。

ビジュアルシンキングのメリット

本書は、ビジュアルシンキングのメリットを3つの点で説明しています。1つ目は、人は自分以外の誰かが描いた絵を見るのが好きという点です。なぜか人は手描きの絵に惹かれます。本書は手描きの絵のさりげなさと素朴さが聴衆の警戒心を解き、歓迎されるのではないかと指摘しています。

2番目は、手描きの絵はすぐに描けて、変更しやすいという点です。確かにこれは手描きの最大のメリットの1つです。さらに今は紙とペンで描くだけではなくて、タブレットを使って描く機会も多くなっています。タブレットを使った手描きは修正も簡単にできます。

3番目は、コンピューターは間違ったことをあまりにもたやすく描いてしまうという点です。これはコンピューターのソフトに備わっている図形作成機能は便利に使える一方、自分が表現したいこと以外のことも表現してしまうことがあるという点が指摘されています。

本書では、ビジュアルシンキングのプロセスを、「見る」「視る」「想像する」「見せる」という4つの段階で説明しています。最初の「見る」というのは、周囲の視覚的な情報を取り込む受動的なプロセスのことを指しています。それに対して、2番目の「視る」というのは、より能動的に対象を見てパターン認識をするという意味です。3番目の「想像する」というのは、そこにないものを含めてイマジネーションの力で再現するということです。そして、4番目に「見せる」ということで、見つけたパターンの意味を解釈し、新しいことを発見して、表現を通じて他者に伝えるという段階です。

見ると視る、そしてそこから想像して見せるというステップ、そして見せたものがまた新たな見ると視るにつながっていくというループのモデルを形成していきます。

このモデルは、この後『Sketching User Experiences』で紹介するマインドとスケッチの関係に通ずるところがあります。イマジネーションを使って心の中にできたイメージをスケッチを通じて形にし、形にしたものがまたフィードバックとしてマインドに戻ってくるという感覚です。

ビジュアルシンキングをビジネスに活かすには

現在のビジネスの現場で、手描きのビジュアルが使われることはどれくらいあるでしょうか。ほとんどのビジネス文章はワードやパワーポイント、エクセルといったコンピューターのソフトで作成されています。パワーポイントで図形を使ったビジュアルをつくるケースもあるかもしれませんが、手描きのものとは大きく異なります。

実際にパワーポイントで作成された資料は、見た人の心を動かすでしょうか。ワードで作成されたアイデアのメモは、どれだけそのアイデアを思いついた時の感動を表現できているでしょうか。コンピューターで作ってしまうと、誰が作っても同じような資料に見えてしまわないでしょうか。一方、手描きのビジュアルは、その人の思いや感動をビジュアルの情報の中に込めることができ、それを見た人の心を動かし、共感を得ることができるのです。

これはまさに、冒頭に紹介したロームが、列車の中で咄嗟にナプキンにイラストを描きながら講演の内容をつくり上げていったこと。そしてそれを見た担当者が、直感的にいいねと言ってくれたこと。さらに、それが実際の講演に使われ、多くの聴衆の関心を集める結果となったというストーリーで表現されていたことそのものです。

本書では、ビジュアルシンカーを、黒ペンの人、蛍光ペンの人、赤ペンの人という3つのグループに分けることができるとしています。

黒ペンの人というのは、ペンを自主的に取って、自らスケッチを描き出す人のことです。蛍光ペンの人とは、誰かが描いたスケッチに何かを足すことが得意な人。そして、赤ペンの人というのは、描かれているものに対して赤ペンで修正を加えるだけの人という意味です。

今のビジネスの現場では、蛍光ペンの人や赤ペンの人がほとんどかもしれません。自分で手を動かさず、批判だけしている人が多いのではないでしょうか。ビジネスの現場にビジュアルシンキングの文化を定着させるためには、自らペンを持ち、下手でもいいので何かを描いてみる、そして、誰かにそれを伝えてみるという黒ペンの人を増やす必要があります。

試行・プロトタイプ

CHAPTER 4

なぜ試行なのか？

3番目の行動は、試行・プロトタイプです。試行錯誤を通じて、少しずつ形にしながら検討を進めるという考え方です。

プロトタイプは「試作」と訳されることもあります。試作と言うと、モーターショーのコンセプトカーのように、時間と費用をかけたものを想定されるかもしれません。広義のデザインにおけるプロトタイプは、もう少し短い時間でラフに作ったものを指します。

これらは、ラピッドプロトタイプ（rapid prototype）とか、ダーティプロトタイプ（dirty prototype）と呼ばれることもあります。素早くつくることで、多少見栄えがよくなくても早く試すことができ、時には失敗し、そこから学ぶことができるという考え方です。

日本ではものごとの完成度が重視される局面が、まだまだ多いのではないでしょうか。完成度が低いものを、世の中に出してはいけないという思い込みが強いのかもしれません。既存のものをカイゼンすることで、よりよくしていく時はそれでよかったと思います。しかし、新しいものを創造する時は注意が必要です。新しいものは、最初のトライでうまくいく確率が低いからです。

成果物の完成度を優先すると、結果として失敗した時のリスクが大きくなってしまいます。早く失敗し、学ぶことのメリットは、うまく行かなかった時のリスクを減らす効果があるのです。新しいことはなかなか最初からうまく行きません。何度か試行錯誤を繰り返すことで、ようやく道が見えるものです。そんな状況では、時間をかけて大きく失敗してしまうことは不向きなのです。

デザインにおける試行・プロトタイプが教えてくれるのは、失敗も含めて試行錯誤を繰り返すことで、最終的により確度が高いものを生み出すことができるという考え方です。決まった成功法則が見えない不確実な時代においては、最初から成功を目指すのではなく、試行錯誤を重ねた方がより大きな成果に結びつくのです。

■早く失敗して学ぶ

皆さんは失敗の価値について考えたことがあるでしょうか。失敗に価値なんてあるのと思われる方も多いのではないでしょうか。失敗には価値がある、失敗を繰り返すことで、より高い成果を実現することができる、実はこれがデザインの考え方なのです。

このことは、私がアメリカのデザインスクールで叩き込まれたことの1つでもあります。デザインスクールで何度も繰り返し教えられたのは「Low fidelity, early failure（低い精度で作って、早く失敗する）」という言葉です。低い精度で作って早く失敗しよう、そしてそこから学ぼう、という考え方です。

「Low fidelity, early failure」という話を聞いて、日本ではむしろ逆に「High fidelity, late failure（高い精度、遅い失敗）」なのかもしれないと思いました。日本の組織では、品質へのこだわりなどもあり、低い精度のものを評価したり、世の中に出したりすることが嫌われます。そのため、あえて低い精度で作って、失敗を繰り返しながら検討を進めようという考え方が定着していません。

時間をかけて高い精度で作った結果がそのままうまくいけばよいのですが、イノベーションの世界はそうは行きません。遅いタイミングでの大きな失敗は、致命的なダメージにつながりかねません。品質へのこだわりも重要ですが、ある程度の品質のものを、ユーザーや市場との対話を通じて育てていくということも同時に行う必要があります。

フィンランドには「失敗の日」という、失敗を恐れず挑戦し失敗から学ぶ大切さを考える日が設けられています。2010年にフィンランドの大学生によって提案され、以降毎年10月13

日の失敗の日には、挑戦と失敗を称え合うイベントなどが開催されています。

フィンランドも最初から失敗を奨励する文化があった訳ではありません。むしろどちらかと言えば保守的で、失敗を避けたり、失敗を明言することがない文化でした。失敗の日を提案した大学生たちは、このままではこれからの時代に必要な新しいビジネスや社会活動が生まれないという問題意識のもと、失敗してもいいから積極的に新しいことに挑戦する文化をつくろうとしたのです。

日本では時々「無謬性」という言葉を聞くことがあります。無謬性とは間違うことが許されない組織風土ということです。失敗の日を制定したフィンランドと対照的です。フィンランドの学生が懸念したように、無謬性が前提となった組織では、失敗に対する許容度がなく、新しいことへの挑戦ができにくくなってしまいます。フィンランドから学べることは、デザイン筋トレ論同様に、組織の文化も意識して変革していく必要があるということなのです。

正解主義の幻想

ここで改めて、日本の社会を覆う課題の1つである正解主義について触れたいと思います。正解主義とは、ものごとには必ず正解と不正解があり、正解は1つしかないという考え方です。正解から外れたものは不正解であり、失敗であると考えられがちです。

正解主義が強く信じられているのは、確度が高い成長の時代が長く続いたためではないでしょうか。そのような時代では、一般的に正しい、あるいはスタンダードだとされていることが暗黙的に共有され、その道から外れることに抵抗があったり、自分は大丈夫でも周囲から反対されたりしました。

しかし、こうした確度の高い時代は過去のものになりつつあります。この本で何度か触れてきたように、われわれの社会は不確実性の時代に突入しようとしています。この先、何が起こるか誰にもわからないという環境です。このような時代において、一義的な正解は成立しにくくなりました。むしろ、何が正解かを問うよりも、実践を通じて確からしさを確認しながら、適応的に前に進んでいく、そんな方法論が必要とされているのです。

試行・プロトタイプの考え方が示唆するのは、目の前の状況が変わっても、その場その場に応じて適応的に行動することによって、適切な道を進むことができるという行動原理です。特にものごとの初期の段階においては、まさに試行錯誤するように多様な方向性を試してみる。そして、その試行錯誤から学び、次のステップに進むという考え方が必要になります。最初から完成度にこだわりすぎると、この最初の一歩を大胆に踏み出しにくくなるのです。

正解追求型と適応型の対比は、予測（predictive）と適応（adaptive）という対になる概念で説明されることもあります。予測とはこうなるに違いないと想定し、その想定を目安に行動することです。予測に基づいて計画し、計画を最初から最後までその通りに遂行するという考え方です。

それに対して、適応とは計画は緻密に行わず、周囲の状況や環境を見ながら、その場の状況に合わせて行動し、行動の結果から生じたフィードバックをもとに次の行動に移るという考え方です。予測型のアプローチとは異なり、適応型のアプローチには明確な終わりがありません。常に状況に合わせた行動と、フィードバックに応じた次の行動がループして繰り返されるのです。

この本でも紹介している「スプリント」や「リーン」といった概念はいずれもこの適応型の

アプローチです。長いスパンの計画を立てるのではなく、実行の単位を小さくして、ループを回しながら検証していこうという考え方です。2010年代以降、こうした適応型のアプローチに関連する概念が多く登場し今も活用されているのは、時代の不確実性の高まりとも関連していると考えられます。

これらに加えて、最近、レジリエンスという考え方も注目されています。レジリエンスとは打たれ強さのことです。回復力や復元力という言葉で説明されることもあります。うまくいかなかったことがあっても、軌道修正をしてまた違う道を試すことができる力のことです。これはまさに、適応型アプローチを下支えする能力です。

英語のプロトタイプを、試しながら進むという試行という日本語で説明するのもそんな背景があります。正解が有効ではない世界において、唯一力を発揮するのは試しながら進む行動力なのです。そして、レジリエンスの議論が示すように、うまくいかなかったことをチャンスと捉え、違う道を探り、軌道修正をして行動を再開する。そんな行動力が求められているのです。

ものづくりからサービスづくりへのシフト

日本の組織はものづくりに強みを持っています。ものづくりでは、途中段階であっても物の完成度が高くないとうまく動きません。そのため完成度へのこだわりがあり、低い精度のものを評価したり、世の中に出したりすることに抵抗感があります。

しかし、ビジネスの価値が、ものからサービスやソフトウェアに移行するに従って、その考え方を少しずつ変えていく必要があります。サービスやソフトウェアは、ものやハードウェアと違って、どこかで完成するということがなく、常に形を変えて進化していくものだからです。

以前、海外のデザイン・ファームと仕事をしていた時に、日本の企業はサービスには終わりがないということを知るべきだと言われて、なるほどと思いました。サービスにはここで完成というものがないため、常につくり続けます。そのため、この試行・プロトタイプがずっと続きます。常に試行して、時にはうまくいき、時には失敗しながらサービスを新しいものに永続的に更新していく必要があるのです。

この本で紹介する「リーン・スタートアップ」という考え方は、まさにこのサービスとソフトウェアが中心になった新規事業開発の新しい姿を示したものです。リーン・スタートアップではMVP（Minimal Viable Product＝実用最小限の製品）と言われる最小限のプロダクトをつくり、それを実際にユーザーに使ってもらったり、市場の反応を見ながら次の一手を考えるという方法論です。

こうしたMVPの実装を繰り返すことによって、その場ごとに適切な次の一手を見出していきます。これはまさにソフトウェア中心の新規事業の作り方として提唱された方法論なのです。

サービスやソフトウェアの世界では、こうした試行的な概念がいくつか生まれています。

1つは「アジャイル」という考え方です。辞書を見ると素早いとか身軽なといった訳が見られます。これは、ソフトウェア開発を小さなユニットに分け、優先度が高いものから順番に開発をしていくという考え方です。開発されたソフトウェアはテストを経て、都度リリースされていきます。

アジャイル開発の対義的な概念は、ウォーターフォール開発と言われます。ウォーターフォールとは滝のことです。滝の流れのように、工程の順番が明確に決められていて、その工程の計画通りに開発するというものです。

アジャイル開発では、最初の要件が開発の過程で適宜変更されていくのに対して、ウォーターフォール開発では、決められた要件が順番に開発されていき、途中の仕様変更は基本的に行われません。ウォーターフォール開発が予測的なアプローチだとすると、アジャイル開発は適応的な開発手法だと言えます。

この本で紹介している「スプリント」という概念も同様に、ソフトウェアの文脈で生まれた試行的な概念です。スプリントとは短距離走のことです。まさに、短距離走のように短い時間で、最初から最後までプロセスを進めてみるという考え方です。

この本ではデザインスプリントを紹介しています。デザインスプリントとは、デザインのプロセスを何ヶ月も行うのではなく、5日間程度の短い期間で回してみようというものです。短いスプリントを回すことで、学習を重ねより高い質のアウトプットを目指すという考え方です。

行ったり来たりを肯定する

失敗を肯定的に捉える中でもう1つ必要になるのは、行ったり来たりをよしとするということです。通常のビジネスのプロセスでは、一度決めたことを覆して少し前の工程に戻ることはご法度です。これは前述の予測主義的アプローチの影響を受けたものです。つまり、ものごとには計画があり、計画通り進まないことは許容できないという考え方です。

この前提は、適応型のアプローチを取ると途端に無理が生じてしまいます。計画よりもその場の状況に応じた判断を優先すると、時として少し前のステップに戻って検討する必要があるからです。適応型のアプローチでは、行ったり来たりを肯定する必要があるのです。

デザインの世界には、この行ったり来たりを説明するイテレーション（iteration）という概念があります。イテレーションを辞書で調べると反復という翻訳が出てくると思います。そこから転じて、デザインでは、前に進んだり戻ったりしながら検討を深めることを指す時に用いられます。

イテレーションは前述のアジャイル開発でも用いられる概念です。アジャイル開発では、小さなユニットに区切った開発サイクルのことをイテレーションと呼びます。要件の設計、ソフトウェアの開発、テスト、実装を1つの小さなサイクルとして捉え、イテレーションと呼びます。アジャイル開発のイテレーションは別名スプリントと呼ばれることもあります。前述の短距離走、およびデザインスプリントのスプリントですね。

このように適応型のアプローチでは、試行のユニットを小さく分け、少しずつつくりながら前に進むという方法が用いられます。試行によってはうまくいったり、いかなかったりします。うまくいかなかった場合は、少し前の段階に戻り、別のルートを試行することになります。このような進め方をイテラティブ（iterative）なプロセスといいます。

■手元にある有り合わせのもので何とかする

ラピッドプロトタイプやダーティプロトタイプにおいて、手元にある有り合わせのもので、さっとプロトタイプをつくる力も大切です。

今や伝説的な話として知られているのは、IDEOが手術器具のプロダクトデザインに携わった時の一幕です。ブレインストーミングでアイデアを考えていた時に、参加者の一人が、たまたまその場にあったホワイトボードマーカーとフィルムケース、洗濯バサミをテープで止めて、ガンタイプの手術器具のラピッドプロトタイプを作りました。居合わせたメンバーも、それはいいアイデアだ、と盛り上がってその方向性でデザインを進めることになったという逸話が知られています。

通常のプロダクトデザインのプロトタイプであれば、当時はフォームコアと呼ばれる発泡スチロールを削って精緻なモデルをつくるということが一般的でした。マーカーとフィルムケースと洗濯バサミでできたこのプロトタイプをつくるのは、まさにあっという間にできた型破りのものだったと思います。

この話から学ぶことができるのは、プロトタイプとして形にすることで意思決定を促す要因になるということ、そしてそのためのプロトタイプは決して立派なものである必要はないということです。手元にあるもので、あっという間につくったプロトタイプが大きなブレイクスルーに結びつくこともあるのです。

人類学者のクロード・レヴィ＝ストロースは、このような手元にある有り合わせのものでつくることを「ブリコラージュ」という概念で説明しました。これはレヴィ＝ストロースの長年のフィールドワークの中で見つけた人間と道具との関係性の1つの形です。

ブリコラージュはもともとフランス語で、日本語では「器用仕事」と翻訳されることもあります。有り合わせのものでつくったり、自分で修理したりすることを意味します。

前述のマーカーとフィルムケースと洗濯バサミを使ったラピッドプロトタイプも、まさにブリコラージュ的なものだと言えます。これらの材料はプロトタイプ制作のための素材でも何でもありません。ただ、会議室のテーブルにたまたま置いてあったものを、即興的に組み合わせてつくったものに過ぎません。そんなものがアイデアのブレイクスルーにつながるのが意外ではないでしょうか。

手元にあるもので何とかすることがブレークスルーにつながった例は、他にもあります。1970年に行われた、NASAとして3度目の有人月面探索ミッションだったアポロ13号は、不幸にもミッションの途中で事故に見舞われ地球への帰還を余儀なくされます。この危機を乗り越えたのもブリコラージュによるものでした。宇宙船の中にたまたまあったホースやテープなどを使って、帰還のために必要だったフィルターを簡易的につくり難を逃れたのです。

レヴィ＝ストロースのこうした発想は、西洋近代文明に対する批判的な眼差しから生まれました。レヴィ＝ストロースがブリコラージュと対比的に捉えるのはエンジニアリングです。エンジニアリングは全体設計がまずあって、その全体像を満たす機能を組み合わせながらものごとをつくります。

一方ブリコラージュは、全体像はなく、即興的に手元の材料と対話しながらものごとを形にするというアプローチです。レヴィ＝ストロースが示したのは、西洋近代的な方法が先進的で、ブリコラージュの舞台となった非西洋社会が劣っている訳ではないということです。どちらの知のあり方も同等に現在に通用するものとして捉えることができます。

レヴィ＝ストロースは、ブリコラージュに代表される知のあり方を、科学的な知に対して「野生の思考」と位置づけました。デザインにおけるプロトタイプはまさにこの「野生の思考」を最大活用したものです。

「専門家がつくる」から「ともにつくる」へ

試行・プロトタイプにおいて、もう1つ大切なのは、デザインの行為をより広い領域に開いていく、オープンにしていくということです。デザインを専門家だけで行うのではなく、デザインの使い手や、デザインを提供する時に関わる人々を巻き込みながら行っていくという考え方です。

このような考え方はコ・デザイン（Co-Design）と言われています。コ・デザインとは、「ともに」という意味を表す接頭辞の「コ」をデザインにつけたものです。すなわち、多様なステークホルダー関係者とともにデザインすることを表した概念です。

コ・デザインの概念は、人間中心デザインから発展するかたちで定着していきました。専門家であるデザイナーがユーザーのためにデザインすることから始まり、作り手と使い手の垣根が曖昧になったことで、ユーザーとともにデザインすることに発展しました。さらに、ユーザーにデザインの知が開いていくことで、ユーザー自身がデザインするという段階にも差し掛かりつつあります。

コ・デザインは、この後のデザインの組織文化のところで詳しく紹介するエツィオ・マンズィーニの、普及したデザイン（diffuse design）の世界とも親和性が高い概念です。デザインを専門家のためのものだけにするのではなく、非専門家もデザインの行動やマインドセットを持つことによって、デザインのプロセスに多くの関係者が対等に関与することができるという考え方です。

その結果、いろいろなメリットが生まれます。第1に、全ての関係者が当事者になるということです。当事者自身がデザインすることで、デザインされたものが自分の仕事になるという考え方です。自分が使うものを自分の手でつくること以上に当事者性を生み出すことはありません。自分ごとになることによって、そのデザインされたものが心を込めて使われ、人や社会に役に立ち、世の中を変えるものになるのです。

第2に、その結果人々に活力が生まれ、自立的で自発的な社会が実現します。これは、デザインの組織文化のところで紹介するイヴァン・イリイチのコンヴィヴィアリティ（自立共生）の考え方とも通じるところがあります。

人々が開かれたデザインの力を使うことによって、その人に必要なものが、その人自身によって生み出されるようになります。難しい課題は周りの人々と協調しながら乗り越えていきます。自発的な営みを周囲と協調しながら行うことで、自分たちが必要とする未来を自ら作り出すことができるのです。

迷ったらどちらもやってみる

試行・プロトタイプが示唆するのは、入念に調べごとをしてから選択肢をしぼって実践するのではなく、実践によってどの選択肢がよいか確かめるということです。別の言い方をすれば、実践を通じて意思決定することだとも言えます。

武蔵野美術大学クリエイティブイノベーション学科でご一緒していた山崎和彦さんは、アイデアが2つあってどちらがよいか迷ったら、どちらもやってみるんだよとよく学生に呼びかけていました。(1) 私もこの考えに賛成です。どの道に進むか、悩んでいる時間があったらどちらも実行してみて、その上でもう一度考えればよいのです。

(1) 山崎和彦『うれしい体験のデザイン UXで笑顔を生み出す38のヒント』Xデザイン出版、2022年

複数の道があった時、それらを分析的に評価をして、どちらか選ぶという時代は過去のものになりつつあります。1つの背景は、一歩先に何が起こるかわからない不確実な環境の中では、現在の最適解は必ずしも未来の最適解ではない可能性があるということです。時間をかけて分析して現在の最適解を選んでも、実行する段階でその解が有効でなければ意味がありません。不確実な環境下では、実行しながら最適な未来を自らつくり出すくらいの心構えが必要です。

もう1つの背景は、以前にも増して何かを実行するということのハードルが低くなっていることです。時間と労力をかけて何をやるか延々と悩むよりも、さっさと実行して、その結果を踏まえてその道がよかったのか、あるいは別の道があったのか考える方が早い上に有効なのです。

2008年頃の世界的な経済危機をきっかけに、その後の世界に大きな影響を与えるInstagramやAirbnbといったスタートアップが多く生まれました。これらのスタートアップの共通点は小さく始めて大きく成長したという点です。この頃からスタートアップを始めるハードルは低くなり始めました。

その後もこの傾向は続いています。ユーザーインターフェースのプロトタイプをつくるツールは、figmaなどのオンラインツールの発展により格段に便利になりました。大きな資金でサーバーを設置しなくても、クラウドサービスも利用することによって、ソフトウェアのビジネスを簡単にスケールアップすることも可能になっています。対話型ＡＩの発展によってプログラミングを書けなくても、ＡＩがアシストしてくれる時代も到来しつつあります。

今や実行のコストはこれまでにないレベルに下がってきています。仲間を集めて製品・サービスをつくり、ソーシャルメディアの力を借りながら販路や顧客を拡大してビジネスを大きくすることが決して特別なことではなく、多くの人々にその機会が開かれている世の中になりました。

試行・プロトタイプの考え方が示唆するのは、迷ったら深く考えずにとにかくやってみるということです。特にイノベーションのような新しいことは、実行してみないとその評価が定まりません。やってみないとわからないし、やってみると見えてくることもたくさんあるのです。

4-1

ラピッドプロトタイピング

『Sketching User Experiences: Getting the Design Right and the Right Design』

Bill Buxton著
Morgan Kaufmann、2007年

スケッチを描くようにラピッドプロトタイプをつくる

本書『Sketching User Experiences』は、試行・プロトタイピングの方法を広範囲に渡って紹介した歴史的名著です。

この本ではいくつか英語の本を紹介していますが、その多くは世界では名著として認識され、多くのデザイン関係者が参考にしている書籍でありながら、様々な理由で日本語になる機会を逸してしまったものです。本書もそんな書籍の1つです。

実は韓国語や中国語には翻訳されているようなので、本書が日本語にならなかったことは、日本のデザイン界において1つの機会損失とも言えるかもしれません。というのも、本書ほど、デザインのコンセプト検討段階における試行・プロトタイピングのあり方について広範囲に、しかもたくさんのビジュアルとともに語った本は他になかなか見当たらないからです。

本書が示すのは、この本において語ってきた、時間をかけずにラフでもいいのでコンセプトをプロトタイプとして具現化するという世界です。この本ではこれまでラピッドプロトタイプやダーティプロトタイプという名称で紹介してきました。

本書では、プロトタイプという言葉は使わずに、スケッチという言葉を用いて、形やビジュアルに具現化しながら、アイデアやコンセプトを検討することの重要性を説きます。スケッチを直接的に捉えると、ドローイング（drawing）のような手描きの絵という意味になりますが、本書におけるスケッチの意味はさらに広く、手描きの絵のように気軽につくれる様々な形状のプロトタイプのあり方を指します。

余談ですが、デザインの学びでもよく使われるProcessingやArduinoといったプログラミングや電子工作のプロトタイピングツールにおける小さなソフトウェアもスケッチと呼ばれています。このスケッチという言葉の使い方も本書に通じるところがあります。アイデアを素早くちょっとしたコードにして形にしながら、コンセプトの良し悪しを確認していくのです。

ドローイングからオズの魔法使いまで

本書では、具体的にどのようなスケッチ手法が取り上げられているのでしょうか。本書の内容からいくつかピックアップしてみましょう。

まずはシンプルな手描きのドローイングです。本書ではロードバイクのフレームが、手描きのドローイングから始まってコンピューターに取り込まれ、CADによって精緻な図面になり、最後に3Dモデルになる流れが紹介されています。ドローイングはデザインアイデアの一番最初の形です。

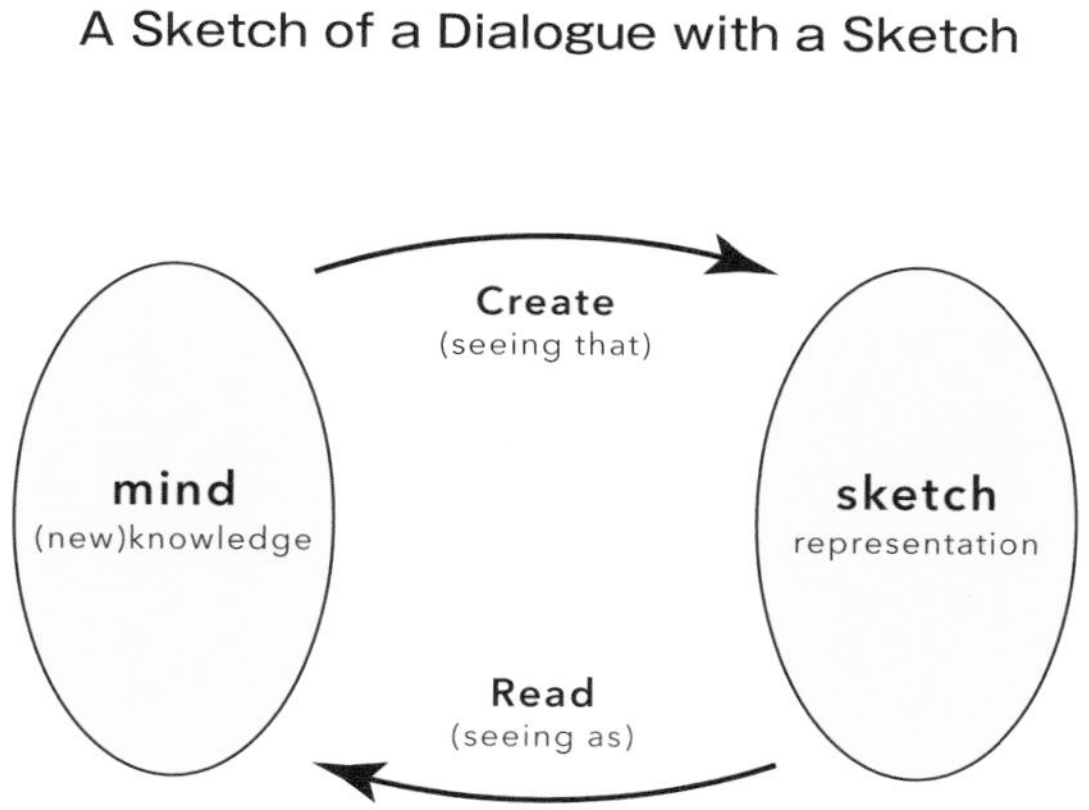

Bill Buxton『Sketching User Experiences: Getting the Design Right and the Right Design』p.114

思考（mind）とスケッチの関係を示した図があります。これは、ドローイングを始めとしたスケッチによって、デザイナーの頭の中にあるイマジネーションを具現化し、そのビジュアルを知覚した脳が新たな知を生み出す、そして、その知がまたビジュアル化するというループです。このループが回転することでアイデアが育っていくという考え方です。

ドローイングはさらに精緻になるとレンダリングと呼ばれます。ドローイングの線がバージョンを重ねることによって精緻になり詳細になっていきます。最初は手描きでラフに描かれていたものがコンピューターで描かれる線になって、最終的な形状に近い形に進化していきます。

ドローイングの表現技法として、写真と合

成するアプローチや、ドローイングの上に説明書きを重ねるアプローチなども紹介されています。

インタラクティブな双方向性を持つプロトタイプについても見てみましょう。スチレンボードで作った立体物と紙を組み合わせるスケッチがあります。立体物の中に小さな小窓をつくって、そこに紙を入れることで、電子ディスプレイと表示内容を表現することができます。立体物をつくることで、モノとしてのリアリティがぐっと上がり、ディスプレイがついたプロダクトのように見立てながらコンセプトの検討を行うことができます。

インタラクティブな体験を再現するプロトタイプとして面白いのは、ウィザード・オブ・オズ（オズの魔法使い）という方法です。児童文学の名作『オズの魔法使い』の終盤で、オズの魔法使いが実はハリボテで、後ろでおじいさんが操作していたことがわかります。

プロトタイプ手法としての「オズの魔法使い」は、物語のこのシーン同様に、あたかもソフトウェアが実際に動作しているかのように遠隔で操作するというものです。本書で紹介されているのは、音声入力システムのプロトタイプの様子です。ユーザーの目の前にあるコンピューターを、壁を隔てて隣にいる人が音声入力が実装されているかのように振る舞って操作しています。この方法を使えば、ソフトウェアを実際に開発せずとも、それに近いかたちのインタラクションを再現できるというわけです。

ユーザー体験の流れを説明するためには、ストーリーボードやアニメーションも有効です。ストーリーボードというのは、映画制作の時に使われるコマ割りを紙芝居のように表現したものです。一連の体験の流れを、紙芝居のように一コマずつ表現することによって、ユーザーはマンガを読むように、体験の流れを理解することができます。

■コンセプトの可能性を探索するためのスケッチ

著者のビル・バクストンは、人間とコンピューターの関係性を研究対象とするヒューマン・コンピューター・インタラクション（HCI）研究のパイオニアの1人であり、長くマイクロソフト・リサーチに研究者として在籍していました。本書は、当初新しいデザインの領域として認識され始めていたユーザー・インターフェース（UI）デザインやユーザー・エクスペリンス（UX）デザインの手助けとなるように、教科書的な本として書かれたものです。

バクストンは本書において、スケッチを単なる絵を描くということに留まるものではないものとしました。スケッチを、デザインのアイデアやコンセプトをより広い範囲にわたって検討するための創造的なツールとして位置づけたのです。

なぜアイデアを広げるためにスケッチを活用するのでしょうか？　それはプロダクトやサービスを検討する初期段階においては、できるだけ多くの可能性を検討することが、最終的によりよいプロダクトをつくることにつながるからです。

そのため、1つのものに時間をかけすぎてしまっては検討の方向性が狭くなってしまいます。できるだけ短い時間でより多くの方向性を検討するためには、スケッチという時間をかけずコンセプトの検討ができるプロトタイプの方法が適しているのです。


本書には副読本として『Sketching User Experiences: The Workbook』があります。[1] 本編が出版されたのは2007年で、ワークブックはその4年後に登場しました。

本編がコンセプトの探索におけるスケッチの必要性の背景を説明しながら、具体的なスケッチ方法論を多くのビジュアルとともに提示した啓蒙的な書籍であるのに対して、ワークブックは各スケッチ技法のノウハウを示した手順書のような体裁になっています。

ワークブックは手描きのスケッチを描くところから始まって、詳細なスケッチの技法や、スケッチをストーリーボードや物理的なモデルに展開していく様子が事細かに紹介されています。本編を読んでこの世界に興味を持ち、実際に実践したいと思った時はこのワークブックを合わせて読むことをお勧めします。

これだけテクノロジーが発達した今でも、手描きのスケッチが持つ、アイデアを開発し、具現化していくためのツールとしての力を改めて感じることができるでしょう。

(1) Greenberg, S., Carpendale, S., Marquardt, N., & Buxton, B. (2011). Sketching User Experiences: The Workbook. Elsevier.

4-2

ブリコラージュ

『野生の思考』

クロード・レヴィ=ストロース著、大橋保夫訳
みすず書房、1976年

科学的思考に対する「野生の思考」

本書『野生の思考』は、人類学の巨人であるクロード・レヴィ＝ストロースによって書かれた20世紀人類学の金字塔とも言える書籍です。なぜ人類学の書籍がデザインの文脈で紹介されるのか、不思議に思う方も多いかもしれません。本書の中に登場する「ブリコラージュ」という概念が、その後のデザインやビジネスの世界に大きな影響を与えているからなのです。

レヴィ＝ストロースはフランスの人類学者で、１９０８年に生まれ２００９年にその生涯を終えました。１００年を超えるその人生はほぼ20世紀の歴史と重なります。レヴィ＝ストロースは、フランスを代表する高等教育機関であるコレージュ・ド・フランスの教授を長く務めました。その思想は「構造人類学」として知られ、言語学者のソシュールの構造言語学とともに、現代思想の大きな流れである構造主義として発展していく礎をつくっていきました。

そんなレヴィ＝ストロースですが、若き日は社会主義の活動家でした。その中でマルクスやフロイトの思想に出会い、西洋近代への批判的な眼差しを強く持つようになります。大学を出た直後は哲学や社会学を教えていましたが、ブラジルに大学教員として赴任することになり、大学で社会学を講じると同時に、現地で民俗学・人類学的なフィールドワークを重ねるようになりました。
ブラジル滞在時の現地の民族に対する数多くの調査をもとにして1955年に出版されたのが名著『悲しき熱帯』です。[1]『悲しき熱帯』からは、人類学的フィールドワークとはどのようなものか、西洋社会に批判的な眼差しを向けながら、真の人間理解に迫るとはどういうことかを感じることができます。

『野生の思考』は『悲しき熱帯』から7年後の1962年に出版されました。本書はフィールドワークの記録の側面が大きい『悲しき熱帯』とは異なり、数々のフィールドワークをもとにしながら、レヴィ＝ストロース人類学の理論的なスタンスを明確に示した書籍です。

『野生の思考』という何とも魅力的なタイトルの背景は、それまで人類学が研究対象としてきた西洋社会に対して、「未開」とされていた社会文化を、西洋的な科学的な知のあり方とは全く異なる知の体系を持つ「野生の思考」と位置づけ直したことにあります。このスタンスはレヴィ＝ストロースが常に持ち続けた、西洋社会に対する批判的な視座に基づくものでもありました。

レヴィ＝ストロースは本書の中で、呪術や神話的思考を、西洋的な近代科学への発展の前段階と捉えるのではなく、2つの異なる知のあり方としました。どちらが優れているとか、進んでいるといったことではなく、西洋近代とは異なる知のあり方を示そうとしたのです。

本書の中では、この後詳しく見ていくブリコラージュだけではなく、何千種もの動植物を指す語彙を持つ民族の話や、トーテミズムとして知られる、動物や植物を象徴として人間社会に結びつける神話的思考特有の知のあり方などをもとにした議論が展開されています。

有り合わせのものでものをつくる「ブリコラージュ」

ここではその「野生の思考」の中でも、その後のデザインの世界に大きな影響を及ぼした「ブリコラージュ」という概念を中心に取り上げます。

ブリコラージュとはフランス語で、日曜大工的な意味を持つ言葉です。日本語では、「器用仕事」と訳されることもあります。これは、レヴィ＝ストロースが長年のフィールドワークの中で発見した、手元にある有り合わせのものでものをつくるという行為を概念化したものです。

ブリコラージュの使い手であるブリコルール（器用人）の思考方法を見てみましょう。ブリコルールがまず行うのは、有り合わせの道具や材料との対話です。解決すべき問題に対して、これらの道具や材料がどのような役割を果たすことができるのかを探索し、意味付けするので

（1）クロード・レヴィ＝ストロース著、川田順造訳『悲しき熱帯』中央公論新社、2001年

す。

例えば木片が手元にあったとすると、それは足りないところを補うのに使えるだろうか、あるいは物置の台にできるだろうかといった探索です。もし、足りないところを補うのに使うのであれば、この木片は面として意味付けることができますし、台にするのであれば材料として意味付けることができます。

このように、同じ素材であっても、探索の方向によっては異なる意味付けが可能になります。こうした意味付けの行動を繰り返し、部分が新しい集合となり、全体を形成するという考え方です。有り合わせの材料は、雑多でまとまりがなく、一定の計画に基づいて収集されたものでもありません。いろいろなきっかけでストックされたり、前につくったものの残骸だったりするものです。

こうした考え方は西洋近代的な計画性や全体性を前提とする知のあり方とは全く異なるものです。本書でブリコラージュの対比的な概念として捉えられているのがエンジニアリングです。エンジニアリングはブリコラージュとは異なり、まず最初に全体的な目標や完成像があります。その完成像に従って、個別の機能を満たすための必要な材料を収集し、ものごとを作っていくという考え方です。これらにおいてブリコラージュに見られるような、素材との対話を通じた意味付けの過程はありません。全体像を実現するために、既に決まった役割の素材を組み合わせるだけなのです。

このエンジニアリングの考え方は、西洋社会においては科学的な方法論として定着しています。レヴィ＝ストロースが本書において明らかにしたかったことは、必ずしも科学的な知のあり方が全てではないということです。ブリコラージュとエンジニアリングの対比に見られるように、科学的なアプローチとは全く異なる野生の思考のあり方を示したのです。

人類学を超えて広がるブリコラージュの概念

ここまで読んでいただくと、なぜ人類学で生まれたブリコラージュの概念を、試行・プロトタイプのところで紹介したのかを理解いただけたのではないかと思います。そうです、まさにデザインにおける試行・プロトタイプのあり方は、野生の思考であるブリコラージュとそっくりだからです。

マーカーとフィルムケースと洗濯バサミで手術器具のプロトタイプをつくった話を紹介しましたが、まさに手元にある有り合わせのものでブリコラージュ的につくったものがブレイクスルーに結びついたという例です。デザインでは、全体設計がある科学的アプローチを否定するものではありません。ただ、それだけではデザインが持つ力は発揮できないと考えます。デザインは、野生の思考としてのブリコラージュも活用しながら、全体像からトップダウンで考えるだけではなく、素材と対話し、手を動かしながらボトムアップでも考えるのです。

ブリコラージュがデザインにインスピレーションを与えたのは、有り合わせのものでラフにつくって、つくりながら考えるラピッド・プロトタイプのアプローチです。この本でも取り上げるリーン・スタートアップやデザインスプリントなども通じる考え方です。

ある程度の全体設計のイメージは持ちつつ、手元にある素材を検討しながら、その場で最適なものを即興的につくっていきます。ブリコラージュが示唆するのは、この時に素材に対して意味付けするということです。統合・シンセシスのところで見たように、意味を与えることはデザインの本質の1つでもあります。手元にある素材と対話をする中で、その素材に意味付けをすることが新しい価値の創出につながります。

ブリコラージュの概念はデザインだけではなく、経営学の世界にも広がっていきました。例えば、ベイカーとネルソンはアントレプレナー・ブリコラージュという概念を提唱し、企業家は常に目の前にあるリソースを組み合わせて状況適応的に事業を生み出しているという議論を展開しました[2]。ベイカーとネルソンは、アントレプレナー・ブリコラージュを、手元にある資源を新しい目的のために再統合し、何とかやりくりすることによって問題を解決するプロセスとして定義づけています。

(2) Baker, T., & Nelson, R. E. (2005). Creating Something from Nothing: Resource Construction Through Entrepreneurial Bricolage. Administrative Science Quarterly, 50(3), 329-366.

4-3

リーン・スタートアップ

『リーン・スタートアップ』

エリック・リース著、井口耕二訳
日経BP、2012年

日本の自動車産業に源流を持つ「リーン」のコンセプト

リーン・スタートアップとは、スタートアップの世界で生まれた、この本の試行・プロトタイプの考え方に通じるつくりながら実行する方法論です。リーン・スタートアップの「リーン」とは、あまり聞き慣れない英単語ですが、直訳すると痩せたとかスリムなといった意味になります。実はリーン・スタートアップは、日本の自動車産業にインスピレーションを受けたコンセプトなのです。

日本の自動車会社が得意とした、効率のよい生産方式を指すリーン生産方式というコンセプトがあります。別名トヨタ生産方式としても知られていています。トヨタ自動車を始めとした日本の自動車会社で培われた、生産のコストを最大限に減らすという工場の管理方式のことです。無駄を極力排除して、贅肉がない状態で生産を行うという意味で、痩せたという意味のリーンという名称がつきました。

リーン・スタートアップは、この考え方に着想を得て、事業開発の初期段階において、本当に必要な価値を持った部分から製品・サービスとして実装し、検証と学びを重ねながら前に進むという考え方です。リーン・スタートアップは、「構築」「計測」「学習」という3つのステップで構成されています。

まず、最初にアイデアをもとに製品・サービスを構築し、市場に導入します。次にその製品・サービスを使ったユーザーからのフィードバックを計測します。そしてその計測データをもとに学習し、次の製品のアイデアに反映させるのです。これらのステップを1つのループと考え、できるだけ最小限の労力と時間でこのループを回すことが推奨されます。

なぜこのような方法が必要とされるのでしょうか。それはスタートアップに特有の事業環境によるものです。リースは、「スタートアップとは、とてつもなく不確実な状態で新しい製品やサービスをつくり出さなければならない人的組織である」とします。

とてつもない不確実性という言葉は、本書の中で何度も登場します。これがスタートアップを取り巻く最大の環境的特徴であり、この不確実な状況の中で成功確率を上げるために、実装と学習のループを高速で回転させる必要があるのです。

この考え方は、この本で触れてきた「Low fidelity, early failure（低い精度で作って、早く失敗する）」の考え方に通じるところがあります。素早くつくって検証し、うまくいったらその方向に進み、うまくいかなかったら方向転換をすることを短いサイクルで進めることで、不確実な環境の中から、確度の高い道筋を見つけていくというアプローチです。

■実用最小限の製品（ＭＶＰ＝Minimum Viable Product）

リーン・スタートアップを世界的に有名な方法論にしたのは、実用最小限の製品（Minimum Viable Product＝通称ＭＶＰ）という概念を発明したことにあります。

これは、最小限の労力と時間で先程のループを回すために、実用最小限の製品・プロダクトをまず開発し、検証のループに投入するという考え方です。ＭＶＰの概念が革命的だったのは、製品の完成度よりも、検証のスピードを優先するという発想の転換にあります。従来はユーザーに製品を使ってもらって製品の良し悪しを検証するには、ある程度の完成度の製品をつくる必要があると考えられていました。リーン・スタートアップが提唱したのは、当面必要のない機能は極力排除し、それよりも労力と時間を優先して実用最小限の製品をつくって、何度も検証のサイクルを回すことの重要性です。

ＭＶＰは実際に動作するＷＥＢサービスやアプリであることもありますが、必ずしもそうである必要はありません。ユーザーが実際の製品と同等の体験ができれば、ソフトウェア以外の方法でＭＶＰをつくることも可能です。本書ではＭＶＰのバリエーションとして興味深いものがいくつか紹介されています。

例えば動画型ＭＶＰという考え方があります。今や多くのユーザーが使うプロダクトになったファイル共有ツールのドロップボックスの最初期のMVPは動画でした。ファイル共有をデスクトップのフォルダ操作と同じ感覚で行うという斬新なユーザー体験が支持されるかどうかを検証するために、実際にソフトウェアを開発する前に、体験を動画で再現し人々に見せたのです。その結果多くの人がぜひこれは使ってみたいという反応を示し、自信を持った創業チームは実際にソフトウェアを開発するステップに進みました。

もう1つは、コンシェルジュ型MVPという考え方です。フード・オン・ザ・テーブルは、自分の好みに合わせて1週間分の献立と食材を作ってくれるサービスです。このMVPとしてソフトウェアによる自動化ではなく、人力でそれに似せたものを再現していたことが紹介されています。関係する手法として、『Sketching User Experiences』で紹介した「オズの魔法使い」が本書の中でも紹介されています。

これらの事例からわかるのは、MVPは動くように見えればその方法は何でもよいということなのです。大切なのは、ユーザーに見せることができ、評価のフィードバックを得られて、その製品・サービスが実際に使ってもらえるのかどうかが検証できることです。そう考えると、気楽な気持ちになりませんか。プログラミングができなくても、ちょっとした工夫で最初のMVPをつくって人に見せて、エンジニアを巻き込んで開発を始めるのはその次のステップからでもいいのです。

5メートル四方の空間でMVPをつくって検証のサイクルを回す

本書がアメリカで出版されたのは2011年。この数年前に起こった経済危機でそれまでの職を離れた人が新しいスタートアップに挑戦し、その一部が成果を見せ始めた頃でした。同じ頃、AWS（Amazon Web Service）のようなクラウドサービスがスタートアップの間でも使われるようになり、サーバー整備に大きな投資をしなくてもWEBサービスやアプリの立ち上げが容易になりました。また、経済環境が回復する中でベンチャーキャピタルからの出資も受けやすくなり、スタートアップが活況を呈していたタイミングでした。

このタイミングで生まれたのがInstagramやAirbnbといったその後の新しい世界をつくっていったスタートアップです。いずれも、リーン・スタートアップ的な方法とクラウドサービスなどのツールを使いながら、小さなチームで始めて、ユーザーの支持を得て急速に成長するという現在につながるスタートアップの流儀の原型となったビジネスです。

同じ時期、私はアメリカのデザインスクールでの修士過程を終え、シカゴに拠点を持つデザイン・ファームでのインターンを始めた頃でした。このデザイン・ファームにおける仕事の1つが社内スタートアップの手伝いだったのです。

そのスタートアップのプロセスはまさにリーン・スタートアップそのもので、独特のワークスタイルが強烈な印象とともに今でも記憶に残っています。チームはスマートフォンを使ったユーザー調査のプラットフォームを開発していました。チームは4、5名という小さな人員で、5メートル四方ほどのスペースに机を壁側に向けてロの字型になりながら日夜作業をしていました。

リーダーが、ビジネス戦略策定とユーザーインターフェースの原型となるワイヤーフレーム作成を担っていました。当時はAdobe XDやfigmaなどのツールも未整備だったので、プレゼンテーションツールのKeynoteでワイヤーフレームを作成、隣に座っていたデザイナーにパスします。それを受けて、デザイナーが詳細のユーザーインターフェースデザインに起こし、隣にいるエンジニアに渡します。エンジニアが開発した製品を、さらにその隣にいるリサーチャーが実際のリサーチビジネスの現場に投入していきます。背中合わせで座った4、5人が、一連の仕事を横に座っている人にパスしながら、MVPを作っては市場に導入し、検証する日々でした。

ちょうどその頃本書が話題になり、このチームで行ってることは、まさにリーン・スタートアップそのものなのだなと思ったことが記憶に残っています。今でも忘れられないのは、そのチームのスピード感とダイナミズムです。1週間単位で製品の方針が変化し、ユーザーからフィードバックに合わせて形を変えていきました。そんなスピード感とダイナミズムは日本の組織ではなかなか味わえないものでした。

本書はデザインをテーマにした本ではありませんが、この本でお伝えしてきたデザインの試行・プロトタイプと高い親和性がある考え方です。しかも、MVPの考え方・つくり方は、この本で紹介している『Sketching User Experiences』や『デザインスプリント』とも通じるところがあります。そういう意味では、本書はデザインの考え方を、スタートアップというビジネスに接続する重要な位置づけにあると言えるでしょう。

4-4

デザインスプリント

『デザインスプリント ——
プロダクトを成功に導く短期集中実践ガイド』

Richard Banfield、C. Todd Lombardo、Trace Wax 著、牧野聡訳
オライリー・ジャパン、2016年

短距離走のようにデザインプロセスを短期間で駆け抜ける

デザインスプリントとは、デザインのプロセスを1週間単位で最初から最後まで回してみるという方法です。スプリントとは、スプリンターという英語も日本語では馴染みがありますが、短距離走のことを指します。短距離走のように、短い時間に全力でデザインのプロセスを駆け抜けてみるという考え方です。

デザインスプリントのスプリントという考え方は、この本でも紹介しているリーン・スタートアップの「リーン」や、ソフトウェア開発の「アジャイル開発」などと共通しています。スプリントという概念自体も、アジャイル開発の文脈から生まれたものです。アジャイル開発では、ソフトウェアの開発の単位をスプリントと呼んでいます。

デザインスプリントでは、通常数ヶ月かかるようなデザインプロセスをあえて数日に凝縮することで、時間の制約の中からブレイクスルーを生み出すという意図があります。また、リーン・スタートアップやアジャイル開発と同様に、不確実な状況の中で実行の単位を小さくして試行錯誤を繰り返すことによって、失敗のリスクを最小限にしようという考え方も背景にあります。

デザインスプリントは5つのフェーズで構成されます。「理解」「発散」「決定」「プロトタイプ」、そして「テスト」のフェーズです。

理解というのは、プロジェクトの背景やユーザーインサイトを確認するという段階です。発散は、何が可能なのかをブレインストーミングによって広げるという段階。決定は、解決策を評価して1つ選んでいく段階。プロトタイプは、最小限の機能で実行可能ないわゆるMVPのコンセプトモックアップをつくるという段階。そして、最後のテストはユーザーにとって何が効果的なのかをユーザーから意見を聞きながら検証するという段階です。

デザインスプリントでは、この5つのステップを標準的には5日間で行います。通常数ヶ月かけて行うデザインプロジェクトをわずか5日間で実施するわけですから、まさにスプリント（短距離走）になります。5日間のプログラムはそれぞれのフェーズを1日ずつ実施します。1日目理解、2日目発散、3日目決定、4日目プロトタイプ、5日目テストといった具合です。

デザインスプリントにおいて大切なのは、始める前の準備です。短期間で実施するために、時間を効率よく使うためにも、入念なプログラム設計が必要になります。実施の時期を決め、実施期間を決めて全体のプログラムを設定します。

デザインスプリントに特徴的なのは本書でも書かれているように、毎日の活動をいくつかのプログラムに分け、プログラムのアジェンダと時間を明確に決めるというものです。

例えば、理解のフェーズで行うプログラムの例を見てみましょう。「背景の理解」のプログラムに1・5時間、「ヒントを得る」に1・5時間、「課題の定義」に1時間、「ユーザーを知る」に3時間、と言った具合に、そのプログラムで何を行うかと具体的な時間を決めていきます。

1つのプログラムの中のアジェンダもどのようなものがあるかを明確にして、分単位で時間を設定していきます。例えば、前述の「ユーザーを知る」というプログラムの内容としては、「Who／Doエクササイズ」10分、「ペルソナの作成」45分、「ディスカバリーインタビュー」60分、「ユーザージャーニーマップ」60分といった具合です。

■明文化されたチームのルール

デザインスプリントで興味深いのは、暗黙知になりがちなチームのルールや文化をも明確に決めようとしていることです。デザインプロジェクトにおいて、プロセスと同等に重要なのがチーム文化です。創造的なチームには創造的なアイデアが宿ります。どのようなチーム文化をチームが一丸となってつくれるかが、デザインプロジェクトの成否を決めるといっても過言ではありません。特にデザインスプリントのような短期間のプロジェクトの場合、これまで形成された組織文化を前提としない、その場で組成されたチームで取り組むことも多くなります。即席のチームにおいて、貴重な5日間を楽しく有意義に過ごすためには、意識してチーム文化づくりを行うことが必須になるでしょう。

デザインスプリントのチームのルールの範囲は多岐に渡ります。例えば、「誰かが発言している時は発言しない」「他人のアイデアへ批判を控える」といった議論のための基本的な考えがあります。あるいは「時間を守る」とか、「きちんと出席する」といったルールもあります。これらは、デザインスプリントの時間が限られているためです。こうしたルールを明確化することで、時間を全ての参加者にとって有意義なものにすることができるのです。

ルールの中には通常のオフィスワークとは異なる趣の面白いものもあります。「必要のない限りコンピューターを使いません」とか「スマートフォンは重ねて置いておく」というルールです。短い時間でチームワークを行う時は、コンピューターやテクノロジーを使わない方が充実したワークになることもあるのです。

「スマートフォンを重ねて置いておく」というのは、実質スマートフォン禁止というルールです。その象徴として参加者のスマートフォンを集めて、山のように重ねて目に見える場所に置いておくという決まりです。我慢できずに、最初にスマートフォンの山からスマートフォンを抜き取って見てしまった人には、ちょっとした罰ゲームが待っているというルールまで用意されています。

いろいろなところで活用されているスプリント型のプロジェクト

デザインスプリントの考え方はシリコンバレーのテック企業において生まれ、その後スタートアップ企業から大企業まで幅広い組織で活用されています。

似たようなコンセプトを持つ取り組みもいくつかあります。その中の1つに、スタートアップウィークエンドというプログラムがあります。これは週末の金曜日の夜から日曜日の夜にかけて起業を体験できる短期間のプログラムです。限られた時間の中でチームを編成し、起業のアイデアを創出し、MVPとしてのプロトタイプをつくり、ユーザーテストを行って、最後にプレゼンテーションを実施するという内容です。

まさにデザインスプリントのような短期間の時間の中で、アイデアから実装まで行うというプログラムです。これはアメリカのNPOが始め、世界中で同じフォーマットで開催されているワークショッププログラムです。日本でも一年中どこかの場所で週末に開催されています。

スプリントの方法論は教育の現場でも活用されています。武蔵野美術大学の大学院では造形構想基盤演習という授業があり、2~3週間という短い時間の中で、デザインプロジェクトを最初から最後まで実行するということを行っています。

デザインプロジェクトの内容は、ビジョンのデザインだったり、コミュニケーションのデザインだったり、建築のデザインだったり多様です。いずれのケースも短い時間を有効活用して、リサーチから始めて、コンセプトをつくり、かたちに実装していくという一連のプロセスを行います。限られた期間で実施することで、まさにスプリント的にチームでデザインプロセスを駆け抜けるというプログラムです。

この授業は大学院の入学直後に集中的に行います。大学院生の中にはデザインのバックグラウンドを持たない学生もいますが、この授業を通じてデザインプロジェクトの全体像を体験するとともに、デザインスプリントでも定められているデザイン特有の組織・チーム文化を身をもって体験することができるのです。

4-5

コ・デザイン

『コ・デザイン――デザインすることをみんなの手に』

上平崇仁著
NTT出版、2020年

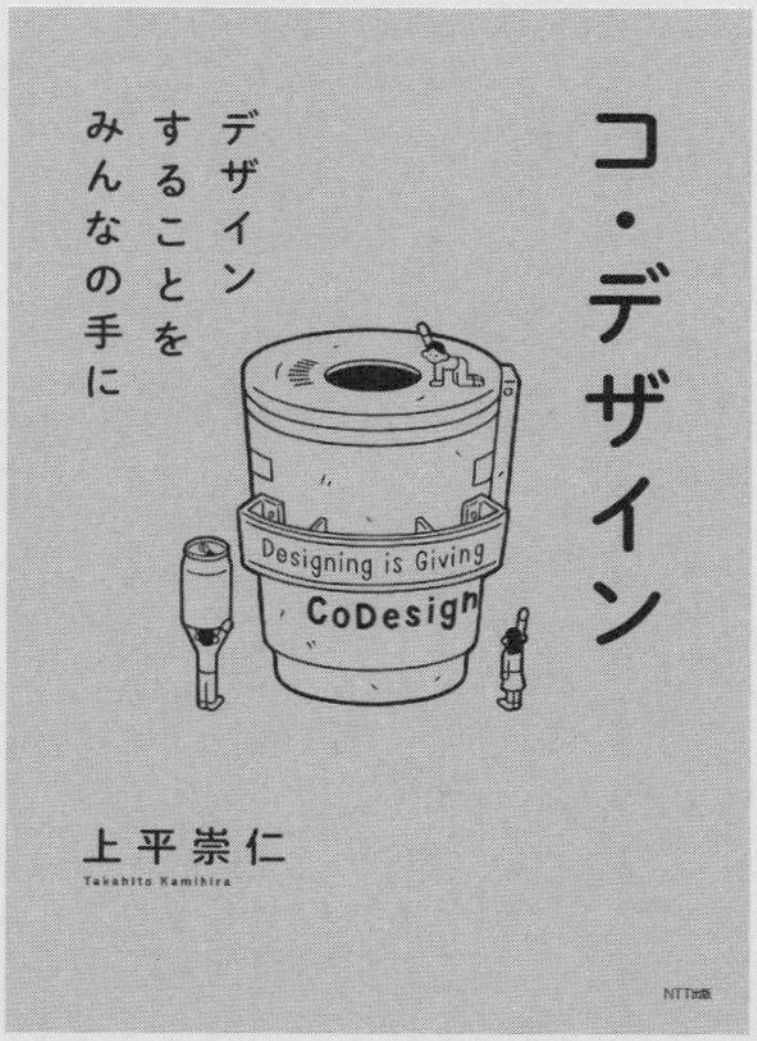

■共創はデザインの得意領域

共創という言葉は、近年ビジネスでもよく使われるようになりました。生活者や顧客、ユーザーといった受け手と、モノやサービスを提供する送り手との価値共創の重要性が指摘されています。

ビジネスにおける価値共創を最初に提唱したのは、経営学者のC・K・プラハラードです[1]。顧客の声を一方的に聞くだけではなく、顧客を巻き込んだ価値創出のあり方を提案しました。企業中心の価値創造から、顧客中心の価値創造への転換です。

しかし、これまでのビジネス文脈での共創は、戦略レベルの大きな話だったり、実際の顧客との共創の現場では依然として顧客から声を聞くだけに留まっていたりと、どこか表層的でした。

デザインはこうした共創に現場目線で切り込みます。共創はデザインの得意領域の1つなのです。デザインはヒューマンセンタードなアプローチであり、人に寄り添い、人を理解し、人

(1) C・K・プラハラード、ベンカト・ラマスワミ著、有賀裕子訳『コ・イノベーション経営：価値共創の未来に向けて』東洋経済新報社、2013年

の間に入って活動し、人とのつながりから新たな価値を生み出すことができる方法なのです。

こうしたデザインの共創アプローチは、コ・デザイン（Co-Design）というコンセプトで知られています。ともに・一緒にという意味を持つ接頭辞であるCoをDesignの前に付けて、ともにつくるデザインのアプローチを示しています。

本書『コ・デザイン』は、そんなともにつくるデザインの世界を、その背景にあるデザインの理論や実践を丹念に解き明かしながら解説した本です。著者の上平崇仁は専修大学で教鞭をとるデザイン研究者です。本書は、コ・デザインの世界の概観を理解しながら、広義のデザインの世界の広がりを知ることができるガイドブック的な存在でもあります。

■コ・デザインの3つの潮流

本書は、コ・デザインに至る3つの潮流を示しています。デザインの世界では、プラハラードが経営学の世界で価値共創を提唱する以前から、様々な観点で共創が議論されていました。

1つ目は、1970年代の北欧で生まれた参加型デザイン（Participatory Design）というコンセプトです。その当時の北欧では、製造業に機械が導入され、働いている労働者の意見を無視して、効率優先の経営が進められようとしていました。労働者の不満は高まり、経営者と対立するようになります。この間に入っていったのがデザイナーたちでした。デザイナーが、労働者と経営者の対話を促し、双方にとって共通のあるべき姿を実現する手助けをしました。

2つ目は、ワークショップの潮流です。ワークショップにはもともと工房という意味があり、そこから転じて、一緒につくりながら学ぶプロセスとして一般的に普及しました。こうしたワークショップを通じた協働の機会が増えることで、デザインが専門的な仕事から、多くの人が学ぶことができるものへ変わっていったことを本書は指摘します。

3つ目の潮流は、葛藤の中にある創造性です。それまで創造性は個人に宿る才能と考えられていたものが、近年の研究によって、問題に対する葛藤やそれに立ち向かう姿勢こそが創造性の源泉であることがわかってきたのです。創造性が一部の才能を持った人に限定されるのではなく、葛藤を生み出す場によって誰もが創造的になれることを示唆しています。

こうしてみると、共創という同じ概念の中でも、デザインやデザイナーの位置づけは少しずつ変わってきていることがわかります。デザイナーは関係者の間に入りながら、次第にファシリテーターのようになっていき、やがてその役割はデザインの専門家以外の人にひらいて広がっていく様子がわかります。コ・デザインの本質は、デザインのあり方そのものの変化にあると言えるでしょう。

■デザインをひらいていくこと

本書では、デザインが「ひらく」ことが重ねて主張されています。デザインをひらくとは、デザインを限られた専門家だけのものにしないということです。利用者や関係者が関わり合いながらともにつくっていくことを指しています。

デザインをひらくことの背景には、つくることと使うことの境界が曖昧になり、つくる側と使う側を分けた状態では、ものごとがうまくいかなくなってきたことがあります。これまでのデザインは、つくる側の専門性として位置づけられてきました。

なぜそれだけではうまくいかないのでしょう？　本書ではいいゴミ箱のデザインが例として紹介されています。これまでのつくる側の専門性としてのデザインは、物体としてのゴミ箱を美しく機能的につくることを担ってきました。

しかし、ゴミ箱はゴミ箱単体で存在しているわけではありません。ゴミ箱を設置する環境、ゴミを捨てる人、ゴミを集める人など、ゴミのあり方に影響を与える要素や関係者は多様です。また、ゴミ箱を設置してからゴミが捨て始められ、その過程で汚れたりすることもあるでしょう。ゴミ箱のデザインはゴミ箱を設置する前だけではなく、置いた後から始まると言ってもいいかもしれません。

このようにゴミ箱ひとつ取っても、多くの関係者と時間軸の中で常に変化し続けるものだということがわかります。専門家が最初に美しく機能的なモノを置いただけでは、いいゴミ箱にはならないのです。いいゴミ箱をデザインするためには、ゴミ箱に関与する人が対等な当事者として関わり続けることが重要になるのです。

デザインをひらいた先には、どんな共創のあり方が待っているのでしょう。本書が述べるコ・デザインでは、人々を単なるユーザーとしてではなく、デザインのパートナーとして捉えます。そして、ユーザー中心デザイン（for People）に対して2つのコ・デザインのあり方を位置づけています。1つは当事者（とともに）デザイン（with People）、もう1つは当事者（による）デザイン（by Ourselves）です。

専門家がユーザーのためにつくるのではなく、当事者と一緒にデザインをする、あるいはその先にある、みんな当事者になってしまうというアプローチです。by Ourselvesのデザインにおいては、当事者の主体的な実践や、使い手自身が創造すること、そのために学び続けることなどが大切になります。

本書で述べられているコ・デザインは、企業が考える共創とかなり印象が異なるのではないでしょうか。本書を読むとコ・デザインの本質は、つくる側と使う側、専門家と非専門家の垣根を越えて、全ての関係者が当事者意識を持って対象や環境に関わることだと理解できます。その中からあるべき姿をともにつくっていくことが、コ・デザインなのです。

企業における共創はこのような形になっているでしょうか。企業がつくる側、顧客が使う側という考え方が固定していないでしょうか。企業の担当者も一人の当事者として、他の当事者とフラットな関係で関わり合いを持てているでしょうか。

企業がそうしたスタンスに立つことが難しいことはもちろん理解できます。でも、そのままではキレイなゴミ箱を無責任に置きっ放しにするのと同じになってしまうのかもしれません。

CHAPTER 5

新しいワークスタイルを確立する

ワークスタイルを公式化する

この本の冒頭で、デザインを属人的なものにしないという話をしました。専門家と協業するだけでなく、組織の中でデザインの能力を一人ひとりが身につけ、自立的に行動することによって、新しい創造的なビジネスを生み出していこうという考え方です。

属人的にしないという考え方で言えば、組織の中でも同様の注意が必要です。組織の中で最初に起こりがちなのは、問題意識を持つ人が、個人的な興味の範囲でデザインの方法論を実行するということです。この方法は最初はうまくいくこともありますが、継続せずに壁に当たることが多くあります。それはこうした活動は個人の範囲に留まり、組織から承認されたものではないことが多いからです。

ここから学べるのは、新しい取り組みを個人の活動として行うことには、限界があるということです。デザインという新しい方法論を組織の中に導入する際も、組織の「公式」のものとして意図的に取り入れる必要があります。限られた人が個人的に行うのではなく、組織を挙げて変革のために取り組まれることが必要なのです。

この本でワークスタイルという章を設けているのは、こうした背景があります。デザインの行動として、共感・エンパシー、統合・シンセシス、思考・プロトタイプを詳しく見てきました。次に行うべきなのは、こうした行動が標準的な組織の振る舞いとして行えるような環境を整備することです。これがワークスタイルを公式化すると言っている背景です。

この章では、ワークスタイルの要素として、方法論の明文化、プロジェクト化、多様なチーム、創造のための場所という項目で紹介していきます。いずれも、デザインの方法論を公式のワークスタイルとして定着させるために必要な要素です。

公式のワークスタイルにすることによって、多くのメリットが生じます。まず、方法論の明文化やプロジェクト化に代表されるように、どんな人でも実行できるようになるということがあります。明文化されたり標準化されることで、一定の品質の行動を持続的に行うことができるようになります。

チームのあり方を明確にすることは、組織の人員構成や採用、評価といった人事施策を円滑に進めることにつながります。どのような人を採用し、どのような人員構成で組織やプロジェクトを組成し、どのように評価していくかということがワークスタイルとして定まらないと組織として安定的に運用できません。

場所のあり方を明確にすることは、オフィスのスペースをどのように構築し、運用するかのファシリティマネージメントに直結します。リモートワークも普及しましたが、まだまだオフィスを持っている組織も多いと思います。オフィスのあり方が組織のあり方を規定すると言っても過言ではありません。

デザインの新しいワークスタイルを組織的に導入したペプシコ社

デザインのワークスタイルを組織の中で公式化するということはどういうことかを具体的な事例とともに見ていきましょう。ここでは、アメリカに本社を持つ飲料と食品のグローバル企業であるペプシコ社を取り上げます。

ペプシコは1965年に、ペプシコーラを主軸とするペプシコーラ社と、レイズなどのスナック菓子を主軸とするフリートレイ社が合併することによって設立された、飲料と食品を事業とするグローバル企業です。主なブランドとして、ペプシ、トロピカーナ、ゲータレード、レイズ、クエーカーオーツなどを持っています。

ペプシコ社にデザインの変革が訪れたのは2012年、今から10年ほど前のことです。アメリカの大手素材メーカーである3M社のチーフデザインオフィサーだったマウロ・ポルチーニを招聘し、新たな組織として、デザイン・アンド・イノベーションを設立しました。

ペプシコには、それまで商品のパッケージデザインや、広告デザインを担う組織はありました。新たに設立されたデザイン・アンド・イノベーションの特徴は、これまでの狭義のデザインに加えて、イノベーションや新規事業をデザインの方法論で担うための広義のデザインの組織であることです。

この変革は、２００６年から２０１８年に至る12年間、ペプシコのCEOを務め成長を牽引したインドラ・ヌーイによってリードされたと言われています。彼女はグローバル企業のトップとして、いち早く広義のデザインの可能性に気づきました。ところが、社内のデザイン組織は依然として狭義のデザインに留まっていたのです。そのため、当時３Mにいたポルチーニを外部から招聘し、新しいワークスタイルを持つデザイン組織として組成したのがデザイン・アンド・イノベーションです。

この変革によって、ペプシコのデザイン組織は、製品開発の最終段階におけるパッケージや広告のデザインに留まらず、ビジネスの上流工程における戦略立案にまで関わるようになりました。ペプシコの中でデザインの位置づけが大きく変わった瞬間です。

ヌーイの戦略的なデザインの活用に関しては、ハーバードビジネスレビューに「インドラ・ヌーイはどのようにしてデザインシンキングを戦略領域に持ち込んだのか（How Indra Nooyi Turned Design Thinking Into Strategy: An Interview with PepsiCo's CEO)」というインタビュー記事があります。[1] 英語の記事にはなりますが、グローバル企業がどのようにデザインを企業戦略に取り入れていったかを理解するための参考になるでしょう。

■ デザイン・アンド・イノベーションのワークスタイル

具体的にペプシコのデザイン・アンド・イノベーションのワークスタイルを見てみましょう。「ペプシコ デザイン＋イノベーション」という独自のウェブサイトがあり、ここでデザイン・アンド・イノベーションチームの全体像が紹介されています。[2]

サイトの中の組織の概要で、私たちはスタートアップのような情熱を持つ楽観主義者のグループであると自分たちを定義しています。この組織では、現在40を超えるブランドに関わる仕事をしていて、300人を超えるメンバーが、世界各地の16以上のオフィスに在籍しているようです。そして、改めてデザインが組織のコアであることを強調しています。彼らが定義するデザインは、ヒューマンセンタードアプローチで、意味あるブランドの体験を作り出すことであると述べています。

デザイン・アンド・イノベーションはプロセスとして、エンパシーとストラテジー、プロトタイピングという3つの要素を提示しています。これはこの本で紹介している共感・エンパシー、統合・シンセシス、思考・プロトタイプとも似たフレームワークです。統合・シンセシスに当たるところがペプシコではストラテジーとなっています。ストラテジーのところを詳しく見ると、ホリスティックシンキング（全体的な思考）という考え方が紹介されています。後で詳しく説明するように、デザインは現場での実践である虫の目と同時に、全体を俯瞰する鳥の目を持ち、両者を行き来する方法論です。ホリスティックシンキングは、このこととつながるデザインが持つ全体的な視点が強調されたプロセスです。

次にプロジェクトについて見てみましょう。デザイン・アンド・イノベーションのサイトでプロジェクトを紹介するページがあり、そこで数多くのデザインプロジェクトが紹介されています。[3] 驚くのはその幅の広さです。古典的なパッケージデザインやブランディングの仕事だけではなく、インタラクティブなデジタルコンテンツのデザインや、空間を伴った体験のデザイン、テクノロジーやスタートアップの力を活用したイノベーションや新規事業に至るまで、その幅は多岐に渡ります。

（1）Ignatius, A. (2015). How Indra Nooyi Turned Design Thinking Into Strategy: An Interview with PepsiCo's CEO. Harvard Business Review, 93(9), 80-85.
（2）https://design.pepsico.com/
（3）https://design.pepsico.com/case-studies

例えば、イノベーションの事例として紹介されている「ソーダストリームプロフェッショナル」というサービスを見てみましょう。これはペプシコが買収したソーダストリームという、家庭で清涼飲料水をつくれる機器を提供する会社のテクノロジーを使って、アプリや容器のイノベーションとともに総合的な顧客体験を実現したプロジェクトです。

そのデザインの対象は、容器のプロダクトデザインから始まって、ソーダをつくるためのベンダーのデザイン、そしてアプリのデジタルデザインといったように多様です。こうした異なる領域のデザイナーが、1つのホリスティックで全体的な顧客体験のデザインをプロジェクト起点で行ったことが窺えます。

デザイン・アンド・イノベーションの人材像についても見ていきましょう。メンバーの様子が動画で紹介されたものがあります。それを見ると、まさにこの後紹介する『イノベーションの達人！――発想する会社をつくる10の人材』で語られているような、多様な人材がチームには在籍していることがわかります。伝統的なパッケージデザインや広告のデザインを担うグラフィックデザイナーを始め、ブランド・エクスペリエンス・デザイナー、モーションデザイナー、アニメーター、建築家、ストラテジックデザイナーといった新しいタイプのデザイナーも在籍しています。

最後にデザイン・アンド・イノベーションのワークスペースも見てみましょう。こうしたデザイン組織に特徴的なのは、個人の机に加えて、プロジェクトワーク用のプロジェクトルームがあるということです。この組織においても同様に、個人のワークスペースの他にプロジェクトを進めるためのプロジェクトルームがあり、多様なバックグラウンドを持つメンバーがそこに集ってプロジェクトを進めています。

プロジェクトルームは、ガラス張りになっていて、外からどんなプロジェクトが、どんなメンバーで、どのように行われているかがわかるようになっています。

プロジェクトルームには、ポスト・イットやビジュアルで埋め尽くされた大きなボードがいくつも置いてあります。プロジェクトメンバーは、アイデアをポスト・イットやスケッチに書いてボードに貼っていきます。他のメンバーはそれを見て、コメントしたりアイデアを重ねることで、コンセプトが発展していくようになっています。何よりもその場にいるメンバーの人たちがとても楽しそうに生き生きと働いていることが印象的です。

ワークスタイルを確立するということ

ペプシコのデザインによる変革から、日本の企業が学べることは多いのではないでしょうか。ペプシコは、テクノロジー企業でもベンチャー企業でもありません。飲料と食品という伝統的な領域において、長くビジネスを行ってきた歴史ある企業です。

日本の企業で変革を必要としているところは、まさにペプシコのような伝統的な大企業です。アメリカでは近年、グーグルやマイクロソフトのようなテック企業だけではなく、比較的長い歴史を持つ大企業が、デザインやデジタルの変革に成功しているところがあります。例えば、ナイキやウォルマートといった企業の事例がよく知られています。変化のない時代は、これまで行ってきたことの繰り返しでもよかったのかもしれませんが、複雑で先の見えない時代においては、こうした伝統的な企業も積極的な変革が必要なのです。

ペプシコの事例から学べるのは、ワークスタイルを公式化するということの重要性です。変革は勝手に起こるものでも、一人の個人によって成し遂げられるものでもありません。ペプシコの事例のように、リーダーが戦略性を持って着手し、組織を挙げて取り組む必要があるのです。組織的な変革を実現した企業は、大きな成果を得ることができます。

ペプシコの事例は、デザイン部門を新しいかたちに変革し、戦略などの上流工程も含めた企業活動のあらゆる領域に関わってもらうというものでした。デザインのワークスタイルの導入は、デザイン部門に留まるものではありません。IT部門にデザインを導入し、組織全体のDXを推進することもできますし、経営企画や新規事業開発部門にデザインを導入し、ヒューマンセンタードアプローチで新しい事業を創出することもできます。

日本の企業では、IT部門のへのデザイン導入として、金融機関においていくつかの先進事例が生まれています。特に個人向け事業においてアプリやWEBなどのデジタル接点が重要になっている中、デザイン起点で顧客接点や顧客体験をイノベーティブに変革していく動きが加速しています。

経営企画や新規事業開発部門へのデザイン導入は、様々な企業で実践されていますが、興味深いのはデザインとはこれまで縁遠かった総合商社において、デザイン起点の新規事業開発の動きが見られることです。資源などの権益を提供者側で編集するこれまでの商社の事業づくりに加えて、ユーザー中心の需要者側からの事業づくりの取組みが始まっています。

これらの例のように、デザイン部門の変革だけが、企業におけるデザインの導入の全てではありません。企業が置かれた状況に応じて、適切なかたちでデザインという新しいワークスタイルの組織的な導入が進んでいます。

5-1

方法論の明文化

『101デザインメソッド ―― 革新的な製品・サービスを生む「アイデアの道具箱」』

ヴィジェイ・クーマー著、渡部典子訳、
英治出版、2015年

■方法論を明文化するというワークスタイル

本書『101デザインメソッド』は、デザインの方法論を101の詳細な手法に分解して、体系立てて紹介しているカタログ的な書籍です。101というのは、アメリカの大学で入門的な授業に「Economics 101」といった形で、101の授業番号がつくことに由来しています。

カタログ的なものと紹介すると、表層的なものとして捉える方もいるかもしれません。本書の魅力は、一見ブラックボックスになりがちなデザインという創造的な方法論を、事細かに個別の手法にブレイクダウンしたことにあります。ここではあえてカタログ的であるということを、肯定的な側面として捉えたいと思います。なぜなら、体系化、明文化する努力がなければ、これほど広範囲のデザインの手法を網羅することができないからです。

この本の冒頭で述べたように、アメリカのデザインスクールの凄みは、暗黙知になりがちなデザインや創造性の方法論を形式知化したことにあります。この本でも何度も触れてきたように、創造性は後天的に身につけることができ、そのためには明文化された知の体系が必要です。デザイン筋トレ論で述べたように、体系化された方法論があって初めて、それを意識的にトレーニングすることができるのです。

この本は、私が留学していたイリノイ工科大学のデザインスクール、インスティチュート・オブ・デザイン（Institute of Design）において生まれました。イリノイ工科大学インスティチュート・オブ・デザインは、モダンデザインの起原とも言われる、ドイツのバウハウスで教鞭を取っていたモホリ＝ナジ・ラースローが、ナチスドイツの迫害を逃れアメリカに亡命した後、シカゴに設立したデザイン教育機関です。もともと独立した教育機関でしたが、その後イリノイ工科大学と合併し、現在はイリノイ工科大学の一部となっています。

著者のヴィジェイ・クーマーは、インスティチュート・オブ・デザインにおいて、長年デザイン方法論の明文化に取り組んだ教員の1人です。教員に着任する前は、シカゴに拠点を置くイノベーションデザイン・コンサルティングファームのドブリン社において、コンサルタントを務めていました。大学に移ってからも企業のアドバイザーなどをしながら、常に現場とアカデミアを行き来していた人物です。実はヴィジェイは私のアドバイザーでもあり、授業などを通じて彼の教えを受けてきました。この本ではあえてファーストネームのヴィジェイと呼びたいと思います。

本書は、ちょうど私が大学院に在籍していたタイミングで制作されました。実は書籍の中に私自身も登場していたり、私が描いたスケッチが取り上げられていたりしています。書籍中に登場する人物も多くが大学院の同級生たちで、私にとってもとても思い出深い書籍の1つです。

本書のデザインの方法論を詳細にブレイクダウンし、明文化するというアプローチはヴィジェイの授業の姿そのものでもあります。私もヴィジェイのデザイン方法論の授業をいくつか取りましたが、どの授業においても毎回異なるデザイン手法が体系立てて説明されました。

授業で説明されたデザイン手法は、事後課題において実践を行うことが求められます。その課題を次の授業でプレゼンテーションし、ヴィジェイがデザイン手法の活用について講評を行うということが繰り返されました。学生はこうしたプロセスを通じて、デザイン方法論を体系的に理解し、演習を通じて自分の中に定着させていったのです。

ヴィジェイは、大学の中でデザイン方法論の開発と体系化の役割も担っていました。その集大成が本書の冒頭に登場するデザイン・イノベーションのプロセスモデルです。このモデルは2軸4象限のマップで構成されています。上下の軸が「抽象（Abstruct）」と「現実（Real）」、左右の軸が「理解する（Understand）」と「つくる（Make）」と定義されています。そして、4つの象限に「調査（Research）」「分析（Analysis）」「統合（Synthesis）」「実現（Realization）」というラベルがついています。

デザイン・イノベーションのプロセス

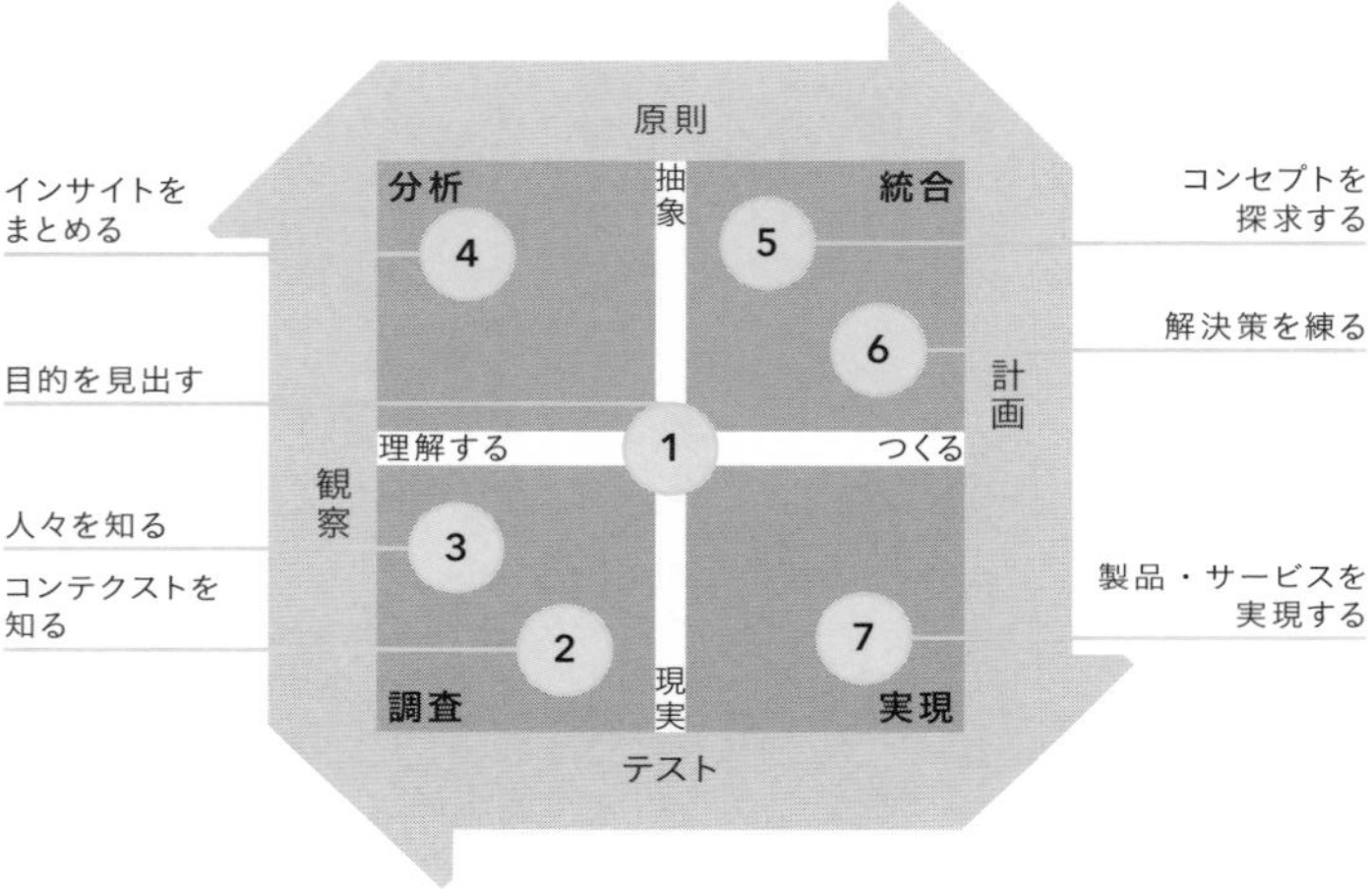

ヴィジェイ・クーマー『101 デザインメソッド―革新的な製品・サービスを生む「アイデアの道具箱」』p.15

理解とつくる、抽象と現実を往還運動する

この図はデザイン方法論の本質を端的に表したものです。本書のエッセンスはここに集約されています。

左右の「理解する」と「つくる」の軸からは、デザインは、理解するということと、その理解をもとに具現化するということの往還活動であることが示されます。特に広義のデザインでは、造形中心の狭義のデザインに対して、リサーチを通じて対象を深く理解することに時間が割かれるようになりました。そのため、この本の共感・エンパシーのところで紹介してきたような定性的なリサーチ手法が活用されるのです。

上下の「抽象」と「現実」の軸がさらに重要です。デザインは抽象と具象と高速で往復する活動であることを示しています。私はよく「虫の目、鳥の目の往復」という表現で説明します。

デザインは虫の目で現実世界のリアリティを理解し、現実世界でものごとを実現していく方法です。しかし、現実世界の理解を直接的に具現化するだけではカイゼンはできるかもしれませんが、イノベーティブなものは生まれません。イノベーティブなものを生み出すためには、一度抽象度を上げてものごとの本質から考える必要があるのです。

鳥の目という言葉に込めているもう一つの側面は、全体を俯瞰するということです。英語ではホリスティック（holistic）と言いますが、複雑で不確実な課題は、要素に分解してそれぞれの要素を最適化するだけでは解決しません。常に全体的な視点に立って、要素間の関係性を把握しながら、要素と全体のバランスを取る必要があるのです。

この図に関して、本書が指摘するもう1つ重要な点は、プロセスが非線形で反復的であるということです。明確な順番があるわけではないし、行ったり来たりを繰り返しながらぐるぐる循環するプロセスでもあるということです。試行・プロトタイプのところで、行ったり来たりを肯定するという話をしましたが、まさにここでも同様の指摘がなされています。

本書は、「プロセスと説明すると一連の出来事が線形に進んでいくことを意味するが、これは誤解のもとになりかねない」と明言しています。プロジェクトによっては、リサーチを経ずにインスピレーションでコンセプトづくりから始まって、逆に調査や分析に戻りながらその良し悪しを検証するものもあるかもしれないし、それも肯定的に捉えようという考え方です。

デザイン思考が企業などに普及した時に、どうしてもこのポイントが定着せず、プロセス通りにやってみたけど、うまくいかなかったとされてしまうケースも散見されました。

既存のビジネスの流儀は線形的なプロセスが常識ですが、デザインではむしろ即興的なプロセスからイノベーションを生み出します。なぜなら即興性が持つ偶発性にこそイノベーションのきっかけが隠れているからです。真剣にイノベーションを実現する組織をつくるのであれば、こうした非線形で反復的なワークスタイルも意図的につくっていく必要があるのです。

5-2

プロジェクト

『プロジェクト・ブック』

阿部仁史、小野田泰明、本江正茂、堀口徹編著
彰国社、2005年

プロジェクトをリードする存在としてのデザイナー

プロジェクトという考え方が近年、大切になっています。個人の自立性が高まるとともに、組織の境界が緩やかになり、組織を超えて人がつながり始めているためです。仕事が企業の中だけで留まるのではなく、企業の枠組みを超えた活動がプロジェクト単位で行われ始めていきます。これはインターネットやソーシャルメディア時代の仕事のあり方であり、今後もプロジェクトを起点にした仕事が増えていくと考えられます。

デザインそのものをプロジェクトと捉える考え方もあります。イタリアではデザイナーという英語的な概念が導入されるまでは、プロジェクトを遂行する人という意味のプロジェッティスタ（progettista）という言い方が使われていました。デザイナーとは造形的な形をつくることだけではなく、対象を1つのプロジェクトとして捉え、関係する人々を巻き込み、活動を起こし、社会に働きかけていく存在であるという認識が背景にあります。

本書『プロジェクト・ブック』は、そんなデザインプロジェクトを進めていくための組織論が詰まった本です。世の中にはプロジェクトマネジメントの本はたくさんありますが、その多くは目的と計画がはっきり定まったプロジェクトを合理的に進めていくための方法が書かれたものです。

一方、デザインのプロジェクトとは、過程で発生する偶発的な事象も取り込みながら、創造的かつ構築的にものごとを進めていくものです。そのプロジェクトのあり方は、これまでの合理的なビジネスプロジェクトとは本質的に異なるものです。デザインプロジェクトのあるべき姿を記述した本が少ないなかで本書の存在は貴重です。

本書は、2005年に東北大学の建築学専攻のメンバーを中心に、建築のデザインプロジェクトの進め方を念頭に書かれたものです。建築をテーマにしていますが、ここに書かれたプロジェクトのノウハウは普遍的で、建築以外のデザイン分野にも十分応用可能な内容です。

■「さぁ場所をつくろう」から始まるプロジェクトのキーワード

本書は、デザインプロジェクトにおいて活用できる63のキーワードと、関連する11のコラム、そしていくつかのケーススタディで構成されています。63のキーワードは簡潔なコピーと短い説明文、そしてキーワードに関連するビジュアルで構成されています。とてもシンプルで力強い内容です。この本でも紹介しているパタン・ランゲージを彷彿させるようなデザインプロジェクトのパタンとして見ることもできます。

キーワードの1番目は、「さぁ場所をつくろう」です。プロジェクトを進めるためには、まずプロジェクトの拠点となる場所を、プロジェクトのメンバーで共同してつくる必要があります。ここでは場所の構成要素として、1．大きなテーブル、2．広い壁、3．気楽なライブラリー、4．気持ちが良くて軽い椅子、5．逃げ場、6．片付けるな！、という要素が紹介されています。

もうこの要素を見ただけで、この本のセンスが伝わってきます。いいプロジェクトに必要なのは、堅苦しいハードウェアの要件だけではありません。

「気楽なライブラリー」。確かにプロジェクトの合間などちょっと時間ができた時に、本が手に取れるスペースがあると、新しい発想のきっかけになりそうです。たまたま手に取った本が、難航していたプロジェクトのブレイクスルーにつながるということもあるかもしれません。

「逃げ場」というキーワードも興味深いです。プロジェクトを成功させるために、情報交換の密度を上げることも重要ですが、上げすぎると行き詰まってしまいます。だからこそ視線を変えたり、場所を変えたり、気分転換のためにお菓子を食べたりする逃げ場が必要だということなのです。

プロジェクトのキーワードは、2番目「キャラ立ちしたチームメンバーを集めよう」、3番目「ワークスタイル」と続いていきます。プロジェクトを成功させるためのキーワードが、組織、プロセス、モノ、空間などあらゆる領域に展開されています。

キーワードの中には、44番目の「平面図を逆さまにして見る」、46番目の「スケールの間をジャンプしろ！」など、建築に特有のものもありますが、それほど多くはありません。キーワードのほとんどは、多くのデザインプロジェクトに通用する普遍的なものです。

それどころか、14番「ペルソナの誕生」、32番「ラピッドプロトタイピング」、34番「アブダクション」、35番「ロールプレイング」など、デザインの方法論にも通じるものも多く明文化されていて、その後の広義のデザインへの発展を予想していたような内容です。とても20年近く前の本とは思えない斬新さがあります。

本書のプロジェクトのキーワードにはオーソドックスなものもありますが、本書特有のウィットに富んだものもたくさんあります。例えば40番「15分寝てみる」。これはプロジェクトにおける昼寝の効果について言及したものです。個人的にも、昼寝の効果について真剣に調べていたことがあります。昼寝には想像力を再起動させる大きな力があります。本書でも、そんな昼寝の効果がしっかり記述されていることが驚きです。

別のキーワードに、53番「忘れる、忘れてみる」というものもあります。忘れるという一見ネガティブなことでも実はプロジェクト遂行上の効果があるという主張です。外山滋比古『思考の整理学』（筑摩書房、1986年）の中で、忘却によって頭の中にスペースを意図的に確保することの重要性が指摘されていることが紹介されています。改めて知りましたが、そんなところにまで目を向けていることに、筆者たちの見識の深さを感じます。

■建築・都市デザインの世界から発展したワークスタイル

私がこの本を知ったきっかけは、学生時代に建築・都市デザインを専攻していて、社会人になってからも書店の建築コーナーによく足を運んでいたからでした。

本書は、彰国社という建築専門の出版社から出ています。当時、建築のことに興味がある人は手に取る機会があったと思いますが、決して一般的に知られていた本というわけではなかったと思います。そんな書籍に、現代に通じる、むしろプロジェクト化が進んだ現代だからこそより必要とされている知見が集約されていることに建築領域の先進性を感じます。

私自身、広義のデザインの世界において、建築・都市デザインで学んだことが参考になっています。建築はデザイン分野の中で、広義のデザインの世界ともつながる共通言語を多く持っている領域の1つだからです。20年近く前の本が今見ても全く古びることなく、現在の広義のデザインの世界と接続しているのもそのためだと考えられます。

本書が出版されて随分と時間が経ちましたが、世の中は本書が予言したようなプロジェクトの時代に入りつつあると言っても過言ではないでしょう。

改めて本書の中身を見ると、その内容は全く古びることなく、今のプロジェクト時代にも十分活用できることが多々記載されています。今後、ネットワーク的に人や組織がつながり、副業のような新しいワークスタイルが増えるにつれて、社会のプロジェクト化が進むのではないでしょうか。

そんな中、企業のような制度的な組織の存在は比較的小さくなり、人と人が時間限定のバンド活動のように集い、実践を重ねるプロジェクトの存在感が大きくなるでしょう。本書が示すのは、プロジェクトにはこれまでの組織とは異なるワークスタイルが必要だということです。そんな時、プロジェクトワークのパタン・ランゲージとも言える本書を、改めて手に取ってみることをお勧めします。

5-3

多様なチーム

『イノベーションの達人!
――発想する会社をつくる10の人材』

トム・ケリー、ジョナサン・リットマン著、鈴木主税訳
早川書房、2006年

組織の多様性を拡げる10の人材像

創造的な組織の特徴の1つは、多様な人々が横でつながっているということです。多様性が組織のイノベーションにおいて重要であることは、ダイバーシティの文脈において近年よく議論されています。

創造的な組織において、どのような多様性を実現すればいいのか？　この疑問に答えてくれるのが『発想する会社！』の4年後に、同じ著者であるトム・ケリーとジョナサン・リッドマンによって書かれた『イノベーションの達人！』です。この書籍も、前著同様デザイン・ファームのIDEOにおける多様な人材がイノベーションを生み出すドキュメンタリーです。

この本では、IDEOに関連する4つの書籍を紹介しています。そのうちの3冊は、20年近く前の初期の書籍です。IDEOがクリエイティブ組織として優れていたのは、書籍にできるほど暗黙知を明示知にし、組織を横断して実践していたことです。

それまでのクリエイティブ組織は、リーダーの経験や勘によって属人的に運営されていました。『発想する会社！』でも紹介したように、IDEOは個人の力よりもチームの力を信じ、組織としてのクリエイティビティをどのように高めることができるかということを、常に考えていたのです。これまでクリエイティブではなかった組織を、クリエイティブな組織に変革していく時、20年前からＩＤＥＯで実践されてきたクリエイティブ組織のための明示知が参考になります。

本書の英文のタイトルは「The Ten Faces of Innovation」。直訳するとイノベーションのための10の顔という意味です。つまり、イノベーションを実現するために、10の異なる特徴を持った人々が協力をしながら組織をつくり上げているという主張です。10の人々とは、情報収集をするキャラクターとしての「人類学者」「実験者」「花粉の運び手」、土台をつくるキャラクターとしての「ハードル選手」「コラボレーター」「監督」、イノベーションを実現するキャラクターとしての「経験デザイナー」「舞台装置家」「介護人」「語り部」の10の特徴を持った人々です。

「花粉の運び手」「ハードル選手」「語り部」

ここでは全てを詳細に紹介することは難しいので、そのうちのいくつかを取り上げてみましょう。

情報収集をするキャラクターとして挙げられている「人類学者」と「実験者」は、この本における共感・エンパシーのパートでフィールドワークすることと、試行・プロトタイプのパートで、手を動かしながら試行錯誤をするプロセスとの共通性があります。

情報収集をするキャラクターでは、その名前も特徴的で気になる存在である「花粉の運び手」にも注目したいと思います。よく知られているように、花の花粉は昆虫によって受粉が手助けされています。英語では花の受粉のことをクロスポリネーションといいます。花粉が交互に行き交うという意味です。比喩的な表現として、組織と組織、人と人の間を行き来しながら情報を交換する人を、クロスポリネーターと呼ぶこともあります。

本書が述べている「花粉の運び手」というのは、まさにこのクロスポリネーターのことを指しています。組織が生まれてから時間が経ったり、組織の規模が大きくなると、部署ごとの壁ができてしまいます。英語ではこの壁のことを、農場に立つ白い大きな筒状の建物であるサイロに喩えられることがあります。日本語ではタコツボと言われることもあります。

組織がサイロに閉じこもってしまうと情報の交換がなされず、新たな統合の機会が失われてしまいます。そのため、イノベーティブな組織においては、組織のサイロを横断するクロスポリネーターとしての人材が必要になるのです。

土台をつくるキャラクターのところで興味深いのは「ハードル選手」です。起業家のピーター・ティールは、新しい事業の機会は、「賛成する人がほとんどいない、大切な真実」から始まると言っています[1]。つまり後に巨大なビジネスに発展するアイデアであったとしても、着想段階では突飛だったり実現不可能に見えたりして、多くの人から反対されてしまうということです。

別の見方をすれば、着想段階において全員が賛成するアイデアは、実はそれほど斬新ではなく、将来的な大きな機会にはつながらないということでもあります。イノベーションを育てていく上で大切な人材は、こうした賛成する人も少なく、評価もされず、時には邪魔すらされてしまうという状況においても、めげずに自分の信じた道を貫き通せる人材です。

本書では、こうした人材のことを「ハードル選手」と呼び、目の前にあるハードルを次々と越えていく人材像が描かれています。「ハードル選手」の多くは、高いハードルを越えているという自覚すら持っていない人もいます。ある種の鈍感力を発揮しているとも言えます。

こうした人材は、みんなが常識だと思っていることをあまりそのように思っていなかったり、独自の価値観があったりして、他のメンバーと話が合わなかったりすることもあるかもしれません。そうした人こそ「ハードル選手」としての潜在的な能力を持っている可能性があるのです。

実現するキャラクターのところで触れられている「経験デザイナー」は、その後のユーザー・エクスペリエンス（UX）による価値創造の時代を予言しているかのような人材像です。

この本が書かれた2005年（日本語訳は2006年）にはまだスマートフォンはなく、今で言うUXデザインのような職能もそれほど明確ではありませんでした。「舞台装置家」という人材像は、この本でも紹介している創造的なワークスペース作りに貢献する空間の専門家です。

こうした人材像も興味深いのですが、実現するキャラクターでは、最後の10番目に紹介されている「語り部」について触れたいと思います。「語り部」のもとの英語はストーリーテラーです。組織においてストーリー・物語の力が重要なことは、近年いろいろな形で指摘されています。この本では関連する概念としてメタファーのことを取り上げました。

新しいことに取り組む組織において、ストーリーの力は絶大です。ストーリーは内部の人間をその気にさせ、外部の人間にチームが考えていることをより魅力的に、そして現実性があるように伝えていく役割を持ちます。同じ機能や外観を持った製品であっても、どのようなストーリーでその魅力を伝えるかによって、人々が受け止める印象は大きく異なります。

まさにメタファーやレトリックの力を使って人々の心を動かすことが、創造的な組織においては重要なのです。スティーブ・ジョブズを始めとした、世界を変えてきた起業家たちは優秀な語り部だったとも言えます。

(1) ピーター・ティール、ブレイク・マスターズ著、関美和訳『ゼロ・トゥ・ワン 君はゼロから何を生み出せるか』NHK出版、2014年

これらのイノベーションの達人としての人物像から学べるのは、必ずしも仕事の肩書と一致している訳ではないということです。本書で述べられているのは、肩書とは直接関係のない創造的人材としての特徴です。

大切なのは、普段の肩書の上にこうした特性が重なり合って、相乗効果を生み出していることです。10の人材像の特性は、いずれも人間らしいヒューマニズムを伴ったものです。肩書は制度的なものであり、組織をサイロ化してしまう危険性を伴うものです。創造的な組織は制度を超えて人材が交流し、新しい結びつきから価値を生み出します。

本書で紹介されている10の特徴は、決して正解というものではありません。時代とともにその特徴は変化していくものです。大切なのは、組織自身が自らの創造性を発揮するためのツボを捉え、どのような人材が必要なのかを明文化することができるかということです。本書が示すように、それらの人材像を通常の制度や肩書とは違うかたちで捉え、チームづくりや人事制度などに反映していく必要があるのです。

5-4

創造のための場所

『メイク・スペース スタンフォード大学 dスクールが実践する創造性を 最大化する「場」のつくり方』

スコット・ドーリー、スコット・ウィットフト著、藤原朝子訳
CCCメディアハウス、2012年

創造的な活動のための場所をつくるということ

ワークスタイルの最後に取り上げるのは、創造的な仕事に適した場所をつくることについてです。このパートを考えるにあたって最初、空間をつくるというタイトルにしようかと思いましたが、最終的には場所をつくるというタイトルにしました。空間という概念は物理的なスペースという意味合いが強い一方で、場所や場という概念には、物理的な空間だけではなく、そこに関わる人々、そしてそこで行われる様々な活動も含まれているからです。創造のための場においては、物理的な側面だけでなく、人の活動にも注目する必要があります。

本書は、スタンフォード大学のデザイン教育プログラムd.schoolにおいて、学生が作業をしたり、グループワークをしたりする場所について解説したものです。まさに空間というよりも人が交わる場所という言葉が適切な内容です。d.schoolの場所は、創造の場にふさわしく、可変的かつ柔軟で、人の関わりを誘発し、新しいアイデアや行動が生み出されるような工夫がなされています。

本書は、「クリエイティブなコミュニティのカルチャーと習慣を、スペースによって形づくるための手引き書だ」と位置づけられています。本書は、この本で紹介してきた『パタン・ランゲージ』や『プロジェクト・ブック』のように、場所を形づくる複数の構成要素を個別に記述する体裁を取っています。個別の項目が独立しているので、読者はどこからでも読むことができます。自分が直面している状況に応じて、複数の要素を自由に組み合わせてその状況に応じた場所をつくるガイドとなっています。

■創造のための場所を構成する5つの要素

本書では、創造のための場所を構成する要素として、「ツール」「シチュエーション」「デザインテンプレート」「スペーススタディ」、そして「インサイト」が挙げられています。

「ツール」は、いろいろなところからブリコラージュ的に素材を集めてつくられるd.schoolオリジナルの家具や収納などのハードです。例えば、26番目の「シャワーボードでホワイトボード」では、ホームセンターで売られているシャワー室用の建材が、ホワイトボードとして適切だと紹介されています。既製品のホワイトボードだと高価で加工も難しいのですが、シャワーボードであれば安価で、ノコギリやドリルで簡単に加工できるというわけです。まさに入手可能なもので何とかするブリコラージュの精神が反映されています。

「シチュエーション」は、ツールや、デザインテンプレート、インサイトを組み合わせることによって、多様な用途の場所ができるというものです。例えば122番「プロジェクトルーム」を見てみましょう。プロジェクトルームにはたくさんの壁面があるといいとされています。ポスト・イットや資料を貼ったり、ホワイトボードとして使います。そのために、ツールとして、前述の「シャワーボードでホワイトボード」を活用します。その他、150番のツール「大型ボード」や、204番のツール「フォームブロック」などを活用することができます。

132番のシチュエーションは、隠れ家的なスペースの「ハイディングスペース」です。このシチュエーションでは、デザインテンプレートとして場所の雰囲気を定義する「アンビエンス」が参照されています。アンビエンスは、リラックスとエネルギッシュの両極で定義されたデザインテンプレートです。ハイディングスペースでは、リラックスのアンビエンスが採用されるといった具合です。

「デザインテンプレート」というのは、スペース作りの基本要素が分析されているものです。場所の特性を表す「プレイス」や、場所の属性の「プロパティ」、場所における行為の「アクション」、場所における態度の「態度」などで構成されています。

例えば先ほどのハイディングスペースでは、アンビエンスのデザインテンプレートが参照されていました。アンビエンスのデザインテンプレートは、照明や質感、音、におい、色などの要素を調整することで場所の雰囲気を表現できるという考え方です。

「スペーススタディ」は、まさに場所のケーススタディです。54番にスピーカーイベントであるTEDが紹介されています。TEDは、様々な領域で活躍するスピーカーが、1人あたり18

分の持ち時間でプレゼンをするというイベントです。世界各国で開催され、多くの来場者が訪れます。TEDにおける場所のデザインとしては、来場者同士をつなげるためにカフェエリアがあったり、書店や小さな小部屋が設置されたりします。来場者同士が家具を自由に動かして自分たちの場所をつくれる工夫もあるそうです。

最後の「インサイト」では、空間をつくる上でのちょっとした工夫が紹介されています。例えば24番の「使い方はひとつじゃない」というインサイトでは、ほとんどのスペースには複数の用途があり、元の意図とは異なる使い方をされた方が面白いことが起きたりすることが紹介されています。

■既存のオフィススペースはそのうち時代遅れに

私も何度かd.schoolのキャンパスを訪れたことがあります。当時、日本の大学ではアクティブラーニングなどはそれほど積極的に行われておらず、大学のキャンパスといえば、正面に黒板やホワイトボードがあって、整然と机と椅子が配置されているという形が一般的でした。

d.schoolは対照的なキャンパスでした。整然としたところがほとんどなく、いい意味でカオスな状態が広がっている空間でした。学生が集まることができるホールのような場所はありましたが、空白の広いスペースが広がっているだけでした。用途に応じて、自由に椅子や机を配置して、場所を毎回つくっているという話を聞いて納得がいきました。

キャンパスの至るところに、本書で紹介されている謎めいた独創的な家具が置かれていました。明らかに家具メーカーの製品ではない様子の、木のフレームだったり有り合わせの材料でつくられたものでした。学生たちは、それらを自由に配置して、個人作業やグループワークを行っていました。チームワークする場所は自分たちでつくるのだ、という文化が完全に浸透している印象でした。

この経験以来、私自身もデザインのチームワークを行う時には、一番最初に自分たちの場所をつくることを徹底してきました。クライアントがいるデザインプロジェクトでも、自分たちのセルフプロジェクトでも、大学で学生と行うプロジェクトでも同様です。

創造の場所をつくる時に一番大切なのは、自分たちの場所は自分たちでつくる、ということです。デザインは自立性の高い活動です。誰かから与えられた場所ではなく、活動の場所そのものもつくることから創造的な活動の第一歩が始まります。

企業において、デザインのワークスタイルを取り込む時は、この哲学をどのように企業のワークスペースの中に導入するかを検討する必要があります。企業においても、近年新しいワークスペースの導入が進んでいます。決まった席がないフリーアドレス制や、オフィススペースの中に社員同士の交流スペースがあるオフィスも増えてきています。

一方で、執務室スペースは、旧来型の机が整然と並んでいる状態のところも、まだ多いのではないでしょうか。本書が示すような、可変的な家具を自由に動かして、自分たちのスペースを自らつくれるということも、積極的に行われているわけではありません。オフィススペースは、総務部門やファシリティマネージメント部門が担当していて、管理的な側面もあります。

変化の少ない時代において、既存のオペレーションを遂行することが中心だった仕事の時代は、旧来型のオフィススペースで十分だったのかもしれません。しかし、複雑で不確実な時代において創造的な仕事を進めるためには、それに見合った創造的な場所が必要です。本書には、そんな創造的な場所づくりのエッセンスがつまっています。

オフィススペースの変更には、一定の投資と時間が必要です。プロセスや人事制度の改革を行いながら、長期的な視点で創造のための場所づくりに取り組む必要があります。デザインという新しいワークスタイルの組織的な導入の締めくくりは、場所に対する投資なのです。

CHAPTER 6

デザインの組織文化をつくる

デザインの組織文化をつくるということ

デザインを組織的に導入する究極的な目標は、デザインの組織文化をつくることです。組織文化とは、組織の中で共有される行動様式や価値観です。組織文化が定着することで、組織のメンバーはその文化が示す方向の行動をしたり、意思決定をしたりするようになります。明確な組織文化を持つ集団は、あるべき組織の姿を共有し、自発的にその方向に組織を運営していきます。

組織文化をつくるために、企業ではビジョンやミッションといった理念や行動規範などを明文化し、メンバーと共有するということが行われています。近年、新たな理念の考え方として、企業の社会的存在意義という意味を持つパーパスに注目が集まっています[1]。ビジョンやミッションがその組織のありたい姿を一方的に宣言するのに対して、パーパスは組織内外のステークホルダーとともにあるべき社会の姿を共創するというニュアンスがあります。

ビジョンやミッションが組織から一方的に伝達されるものであるのに対して、パーパスはメンバーの一人ひとりが解釈し、日々の行動に反映させていくものです。そういう意味では、自発的に考え、仲間とともにあるべき世界を実現していくデザインの考え方とも近い概念です。デザインの組織文化も同様に、上司から言われたことだけを行っていくのではなく、自発的な行動を促すものです。

デザインの組織文化とは？

デザインの組織文化が持つ特徴とはどういったものなのでしょうか？　もう少し詳しく見ていきましょう。

まず最初に挙げられるのは、この本でも何度か取り上げてきた自発性です。組織のメンバーがそれぞれ自発的にものごとを考え、自分がやるべきことは何なのかを理解し、行動に移すことができるということです。指示を待つだけの人も、他人のせいにする人も少ないというのが理想的なかたちです。

この先にあるのが、自発的に考え行動する人同士が、お互いを尊敬し協調し合う組織の姿で

(1) 岩嵜博論、佐々木康裕『パーパス「意義化」する経済とその先』NewsPicksパブリッシング、2021年

す。本章では、イヴァン・イリイチの『コンヴィヴィアリティのための道具』を取り上げますが、まさにここで書かれているコンヴィヴィアリティ（自立共生）の組織文化です。

2番目の特徴は、前向きでポジティブであるということです。この本でも触れて来たように、デザインは複雑な状況に向き合える方法論です。複雑で不確実な状況を目の前にして、その複雑さを全体的に捉え、その中から新しい可能性をポジティブに見出すことができるのがデザインです。

組織文化においても、この特徴が大切になります。デザイン組織が向き合う問題は困難なことや厳しいことも多くあります。そんな状況に対しても、それぞれのメンバーが、困った顔でしかめっ面をしながらものごとに取り組むのではなく、ポジティブに楽しみながら可能性の糸口を探るという文化をつくることが大切です。

3番目の特徴は、未来がこんな世界だったらいいなというビジョンを大切にし、それを共有できるということです。広義のデザインは、それまでの造形力に加えて、新しい世界を構想する力によって構成されます。構想というのは、これまでにはない誰も見たことがない世界を想像し、かたちにするということです。

イマジネーションの力を発揮し、こんな世界もあっていいのではないかという仮説を信じ、それらを実践していくというものです。デザイン文化を持つ組織では、これはもっとこうなるといいんじゃないか、こういう世の中になるといいよね、というような会話が日常的に行われます。

組織文化を変革するということとは？

こうしたデザインの組織文化の特徴を見ると、これまでのビジネス組織とは雰囲気が随分と異なると感じられるのではないかと思います。このギャップを埋めていくのが、新しい組織文化への変革なのです。

新しい組織文化への変革を成し遂げた伝統組織の例として、イギリス政府を紹介したいと思います。ホワイトボードに貼られたたくさんのポスト・イットを前に、カジュアルな服装をした人たちがディスカッションをしている様子は、デザイン・ファームやスタートアップ企業のようです。実はこれは、イギリス政府においてデジタル行政を担う省庁である、ガバメント・デジタル・サービス（通称ＧＤＳ）の様子なのです。

ＧＤＳは、２０１１年に設立された政府組織を横断してイギリス政府全体のデジタル化を推進する組織です。代表的なサービスとしては、イギリス政府の行政情報に一元的にアクセスできるウェブサイトであるGOV.UKがあります。民間企業から多くの人材を登用し、これまでの政府組織とは全く異なるアプローチで設立、運営されたことが知られています。アメリカや日本のデジタル行政にも大きな影響を与えました。

私がGDSのことを知ったのは、GDSの設立当初のメンバーが書いた『PUBLIC DIGITAL――巨大な官僚制組織をシンプルで機敏なデジタル組織に変えるには』[2]という本の監訳に携わったことがきっかけでした。この書籍には、GDSがいかに伝統的で官僚的な政府組織を変革していったかということが書かれています。

皆さんも想像する通り、イギリスの政府組織が最初からこのような形だったわけではありません。イギリスにおいても行政組織は、多くの組織の中でも最も堅苦しく、これまでの伝統を重んじる組織だったのです。GDSが変革したのは、そんなイギリスの公共セクターの組織文化でした。『PUBLIC DIGITAL』はいわゆるDXをテーマにした書籍ですが、テクノロジーについての言及は少なく、300ページを超える内容のほとんどは組織変革論で占められています。

GDSの創設者たちは、意図的にそれまでの政府組織とは対極的なワークスタイルを取り入れました。コンサルティング会社やデザイン・ファームといった外部の組織から人材を迎え入れ、それまでの行政組織の組織文化が自動的に踏襲されないようにしました。GDS設立当初に「信頼、ユーザー、デリバリー（Trust, Users, Delivery）」というシンプルなミッションを設定し、それまでの政府組織にありがちな行政都合で市民不在の行動をなくしていきました。

GDSでは特に新しく入ってきたメンバーを意識して、GDSには通常の行政組織にはないような組織文化を持っていることをユーモアを込めて、「（GDSでは）こんなこともOK（It's ok to）」というポスターにして組織内に掲出しました[3]。

このポスターに書いてあることがなかなか面白いのでいくつか共有します。こんなこともOK…「わからないと言ってもOK」「病気の時は家にいてもOK」「その略語の意味を聞いてもOK」「チームメイトを頼ってもOK」「ヘッドフォンをしていてもOK」「間違いをしてもOK」「歌っても（sing）、ため息をついて（sigh）もOK」「勤務時間外にメールチェックしなくてもOK」「人に話しかけてもOK」「集中するためにどこかに行ってもOK」「お茶を飲んでも、スナックを食べてもOK」「散らかった机でも、整頓された机でもOK」といった具合です。どうでしょうか、これまでの行政組織とは対極的な組織文化がユーモア混じりに表現されています。

GDSはこうして伝統的な行政組織から、デザイン・ファームやスタートアップ企業のような組織文化を持った組織へと変革を成し遂げました。GDSにはYouTubeチャネルがあり、ここにアップされている動画を見ると、その文化は現在に至るまで継承されている様子が

（2）アンドリュー・グリーンウェイ、ベン・テレット、マイク・ブラッケン、トム・ルースモア著、川崎千歳訳、岩嵜博論監訳『PUBLIC DIGITAL 巨大な官僚制組織をシンプルで機敏なデジタル組織に変えるには』英治出版、2022年
（3）https://gds.blog.gov.uk/2016/05/25/its-ok-to-say-whats-ok/

窺えます。

このように、一度新しい組織文化が定着すると、その文化がメンバーに広く行き渡り、明文化されたワークスタイルとの両輪で、組織を持続的に活性化していくことができるのです。

マインドセットで デザインの組織文化をつくる

具体的にどのようにしてデザインの組織文化をつくっていけばよいでしょうか。そのヒントとなるのが、デザイン組織に特有のマインドセットの持ち方です。マインドセットとは、ものごとに向き合う気持ちや態度のことです。デザインには特徴的なマインドセットがあり、そのマインドセットには組織文化を変革させる力があります。

デザインのマインドセットの特徴を捉えたものに、デザイン態度（Design Attitude）という議論があります。これはアメリカのケース・ウェスタン・リザーブ大学の経営学者であるボーランドとコロピーによって提唱されました。(4)

2人がデザイン態度を研究対象にしようと思ったきっかけとなった面白いエピソードがあり

（4）Boland, R. J., & Collopy, F. (2004). Design Matters for Management. Managing as Designing. Stanford University Press.

ます。2人が所属するケース・ウェスタン・リザーブ大学のビジネススクールでは、新しい校舎を建設することになりました。ビジネススクールは大学の中で最も資金を持っている学部の1つなので、有名な建築家に校舎の設計を依頼したりすることがしばしばあります。ケース・ウェスタン・リザーブ大学も同様でした。建築家のフランク・ゲーリーに新しいキャンパスのデザインを依頼したのです。ボーランドとコロピーは、この新キャンパスプロジェクトに教員として関わっていました。彼らは、ゲーリーの建築事務所のメンバーの仕事の仕方が、あまりにも通常のビジネスの仕事の仕方と違ったことに驚きました。

ボーランドとコロピーは、この経験からビジネスのマインドセットを意思決定態度（Decision Attitude）とし、デザインのマインドセットをデザイン態度（Design Attitude）として区別しました。意思決定態度は、与えられた選択肢を分析的な方法で評価し意思決定するのに対して、デザイン態度は未来に向けて新しい選択肢を創出する態度とされました。

2つの態度の違いはこの本でも見てきた内容とも通じるところがあります。デザインの態度・マインドセットはこれまでのビジネスのものとは異なります。デザインに特徴的なマインドセットを組織に取り入れることによって、デザインの組織文化を醸成することができます。

この本では、デザインのマインドセットに関わる書籍を取り上げながら、デザインのマインドセットがどのような広がりを持つかを見ていきます。これらの書籍はこれまでの章以上に、書かれた時期も場所も背景もそれぞれ異なるものです。デザインのマインドセットについて言及された書籍は際限なく存在しますが、ここではあえて異なる文脈のものを集め、その中からこの本でこれまで見てきた、自発的に考え、仲間とともにあるべき世界を実現していくデザインの組織文化への接続性を見出していきます。

■ 本書で取り上げるマインドセットのいくつかを紹介します

最初に紹介するのは「クリエイティブ・コンフィデンス」、つまり創造性に対する自信を持つということです。これはＩＤＥＯの創業者であるデビッド・ケリーとトム・ケリーの書籍から学ぶことができます。彼らの主張は、創造性は特別な人にだけ与えられたものではなく、どんな人にも必ず宿っているということです。

しかし、周囲の環境や学校教育の過程で、子供の時に持っていた創造性が失われてしまうこともしばしばです。人間本来に備わった創造性に対して、それぞれのあり方で自信・コンフィデンスを持つということがまず大切になります。

一人ひとりが創造性を発揮する世界というのはどんな世界なのでしょうか。それぞれが自立性を発揮して、世界に働きかけを行っているということです。社会や組織において何が必要とされているか、自分にどんなことができるか、それを自分自身が考え、行動に起こしていく、そんな世界のあり方です。

デザイン研究者のエッツィオ・マンズィーニは、今まで通りのやり方に基づく「慣習モード」の時代から、常に自分で動き、新しいやり方を生み出す「デザインモード」の時代に移っていると捉えました。マンズィーニは、デザインの可能性を、デザインが専門家によって担われる世界と、デザインの方法が一般に普及した世界の2つのあり方で考えます。デザインが普及した世界では、専門家だけではなく一般の市民もデザインの力を使い、新しいやり方を自ら生み出します。マンズィーニが示す「デザインモード」の時代には、こうした自立性を発揮する個人の存在が必要不可欠です。

社会哲学者のイヴァン・イリイチは、こうした世界のあり方を「コンヴィヴィアル」という表現で示しました。イリイチは、学校や病院などの近代的な制度が人間の自立性や生きる力を骨抜きにしてしまったと批判します。こうした近代の弊害を乗り越え、人々が再び自立的な個人となることを意図して「コンヴィヴィアル」という概念を提唱しました。

「コンヴィヴィアル」という言葉には、もともと生き生きとしたという意味があります。「コンヴィヴィアル」は日本語では「自立共生」と翻訳されています。自立的な個人が周囲の人たちと協調しながら行動し、世界を形づくる姿が示されています。これはまさに、人間の生きる力、考える力、行動する力としてのデザインのあり方と共通性を持つものです。

自立的で自発的、かつ夢中になれる仕事のあり方は、誰かにやることが決められてやらされて行う仕事のあり方と大きく異なります。まさにデザインのマインドセットはこうした仕事のあり方を目指すものです。デザインのマインドセットは、自分で決めて、自分の意志で、夢中になって取り組める、そんな仕事のあり方を実現する手助けとなります。

自立的で自発的なマインドセットの先にあることとは、自分たちの未来は自分たちでつくるという考え方です。未来予測という言葉には、来るはずの未来を受動的に待つという思想を背景に感じます。大切なのは予測することだけではなく、未来を自らの手で創造することです。今私たちがどのような行動を取るかが未来を決めるのです。

コンピューター科学者のアラン・ケイの言葉としても知られている「未来を予測する最良の方法は、それを創ることである」というメッセージもこのことを示しています。まさに、デザインの力があふれた社会のあり方の可能性を示すものだと言えます。デザインのマインドセットは、あるべき世界の姿を自らつくり上げる態度なのです。

6-1

ハイ・コンセプト

『ハイ・コンセプト 「新しいこと」を考え出す人の時代』

ダニエル・ピンク著、大前研一訳
三笠書房、2006年

新しいものごとを発想する人の時代

創造的なビジネスの世界に踏み出すかどうか、迷っている人に本を勧めるとしたら、まず本書を挙げると思います。実際に私の周りにも本書を読んで、創造的なビジネスの世界に踏み込んだ人がたくさんいます。本書が、それだけ人に影響を与える力を持っているということだと思います。

本書のテーマは、これからは新しいものごとを発想していく人の時代になるということです。「はじめに」の中で、「未来をリードするのは、何かを創造できる人、他人と共感できる人、物事に意義を見出せる人である」とされています。これはこの本のテーマに通じるところもあり、私自身もとても共感できるメッセージです。

本書の原題は『A Whole New Mind : Why Right-Brainers Will Rule the Future』であり、脳の新しい働きに関するタイトルとなっています。右脳型と左脳型という脳の特徴の違いを捉えた考え方がありますが、これからは左脳型の世界から右脳型の世界になることが本書の主張です。左脳型というのは論理的な能力です。それに対して右脳型というのは直感的な能力のことを指します。本書が指摘するのは、これからの時代は右脳型の力を使って、ものごとを全体的に捉え、新しい意味を創造できる能力が大切になるということです。

著者のダニエル・ピンクは、アメリカのコラムニスト・文筆家です。新しい時代の到来を予言する書籍をこれまでもいくつも出版してきました。

代表的な著作として、2001年（日本語訳は2002年）に出版された『フリーエージェント社会の到来』があります。[1]これからは組織を離れていろいろな役割や肩書を持ちながら仕事をする人が増える、という内容です。『フリーエージェント社会の到来』は既に20年以上前の書籍になりますが、今読み返してもリアリティがある議論がなされています。

本書『ハイ・コンセプト』が英語で出版されたのは2005年で、『フリーエージェント社会の到来』同様に出版から随分と時間が経っていますが、創造的な人材のあり方の議論は、今でも十分に通用する普遍性を持っています。改めて本書を読むと、まさに今この時代がやってきたのではないかと思う程です。

■ハイ・コンセプトとハイ・タッチの新しい人材像

本書では、訳書のタイトルにもなった「ハイ・コンセプト」と「ハイ・タッチ」という2つの概念が紹介されています。ハイ・コンセプトは「パターンやチャンスを見出す能力、芸術的で感情面に訴える美を生み出す能力、一見ばらばらな概念を組み合わせて何か新しい構想や概念を生み出す能力」と定義されています。ハイ・タッチは「他人と共感する能力、人間関係の機微を感じ取る能力、自らに喜びを見出し、また、他の人々が喜びを見つける手助けをする能力、そしてごく日常的な出来事についてもその目的や意義を追求する能力」としています。

これらは、創造性の時代を牽引する新しい思考やアプローチとして紹介されています。こうして見てみると、パターンやばらばらな概念の組み合わせ、他者と共感といった、この本でも扱ってきたこととも共通点が多くあります。


本書が提示するコンセプトの時代の位置づけも、興味深いものがあります。本書は、18世紀から21世紀に至る時代の流れを大きく4つの区分で整理しています。18世紀は農業の時代、19世紀は工業の時代、20世紀は情報の時代、そして21世紀はコンセプトの時代だとしています。

農業、工業、情報という流れは一般的にも言われていることですが、情報の時代とコンセプトの時代の違いとは何なのでしょうか。その背景として挙げられているのが、豊かさ、アジア、オートメーションというキーワードです。

豊かさとは、社会が豊かになることによって、物の充足だけでは価値をつくることが難しくなってしまったということです。アジアというのは、中国やインドといったアジアの国々の台

(1) ダニエル ピンク著、池村千秋訳『フリーエージェント社会の到来――「雇われない生き方」は何を変えるか』ダイヤモンド社、2002年

頭により、左脳型の仕事の多くがそうした人々によって代替されてしまう危機感です。オートメーションは、機械によって人間の仕事が奪われてしまうという観点です。

こうしたことが背景になり、人々は機能的な価値よりも、デザインや共感、遊び心などを重視するようになりました。そこで重要な役割を担うのが、創造力や共感力に長けたハイ・コンセプト人材なのです。

このことを象徴的に示したのが、ＭＢＡからＭＦＡへというメッセージです。ＭＢＡは経営学修士（Master of Business Adminstration）です。以前は海外留学してＭＢＡを取得するのが主流でしたが、最近は日本の大学もＭＢＡのコースを開設していて、日本のビジネスパーソンの間でも人気です。それに対してＭＦＡというのは美術学修士（Master of Fine Arts）のことを指します。

以前はコンサルティング会社の新規採用の多くをＭＢＡ卒業生が占めていたところ、その比率は低下してきているといったことや、そもそも産業としてクリエイティブ関連産業が拡大していることなどを背景に、これからはＭＢＡでは不十分で、ＭＦＡの卒業生にもビジネスで活躍する機会が広がるだろうとしています。

このＭＢＡからＭＦＡへという考え方は表現としてもわかりやすかったため、クリエイティブの世界に一歩を踏み出そうとした人々に勇気を与えました。その後ＭＢＡの人気は依然として高いものがありますが、ビジネスの現場でＭＦＡを始めとしたアートやデザインの修士レベルの教育を受けた人材の門戸も大きく拡大しました。

新しいものごとを生み出すために必要とされる6つの感性

ハイ・コンセプトの人材はどのような特徴を持っているのでしょうか。本書ではこれから求められる6つの感性（センス）が紹介されています。

1番目は、機能だけではなく「デザイン」が重要になるという点です。コンセプトの時代において、人々は機能だけでは満足できず、感情に訴えかけるものを創ることができることが求められます。

2番目は、議論より「物語」が重要になるという点です。議論による説得だけではなく、相手と感情レベルでコミュニケーションし、説得することができる物語の力を使えることが重要です。

3番目は、個別よりも「全体の調和（シンフォニー）」が重要になるという点です。コンセプトの時代では個別のものを分析するよりも、バラバラなものをつなぎ新しい全体像をつくることができる総括力が必要です。

4番目は、論理ではなく「共感」が重要になるという点です。高度な分析ツールが発展した今、論理だけでは人は動かなくなっています。人間関係を築き、他人を思いやる能力が重要になります。

5番目は、真面目だけではなく「遊び心」が重要になるという点です。あまりに深刻になりすぎると仕事にも人生にもマイナスの影響を与えてしまいます。コンセプトの時代においては特に、仕事にも人生にも遊びが必要なのではないかと提唱しています。

6番目は、物よりも「生きがい」が大切になるという点です。物質的に豊かな世界に住んでいるからこそ、有意義な生きがいに価値が求められるようになりました。

こうして見てみると、これらのいずれも20年近く前に提唱されたとは思えない、現在にもつながるクリエイティブ人材の本質を指摘したものになっています。この本で扱ってきた考え方と近いものもいくつも確認できます。

これらは感性（センス）として紹介されています。センスと聞くと、日本では生まれ持って備わった才能のように聞こえるかもしれません。英語のセンスは感じ取る力という意味であり、本書で感性と翻訳されているのもここから来ています。感じ取る力は意識して実践することで獲得することができます。感性とはものごとに向き合う姿勢であり、決して天性の才能ではないことにも注意が必要です。

6-2

クリエイティブ・コンフィデンス

『クリエイティブ・マインドセット——想像力・好奇心・勇気が目覚める驚異の思考法』

トム・ケリー、デイヴィッド・ケリー著、千葉敏生訳
日経BP、2014年

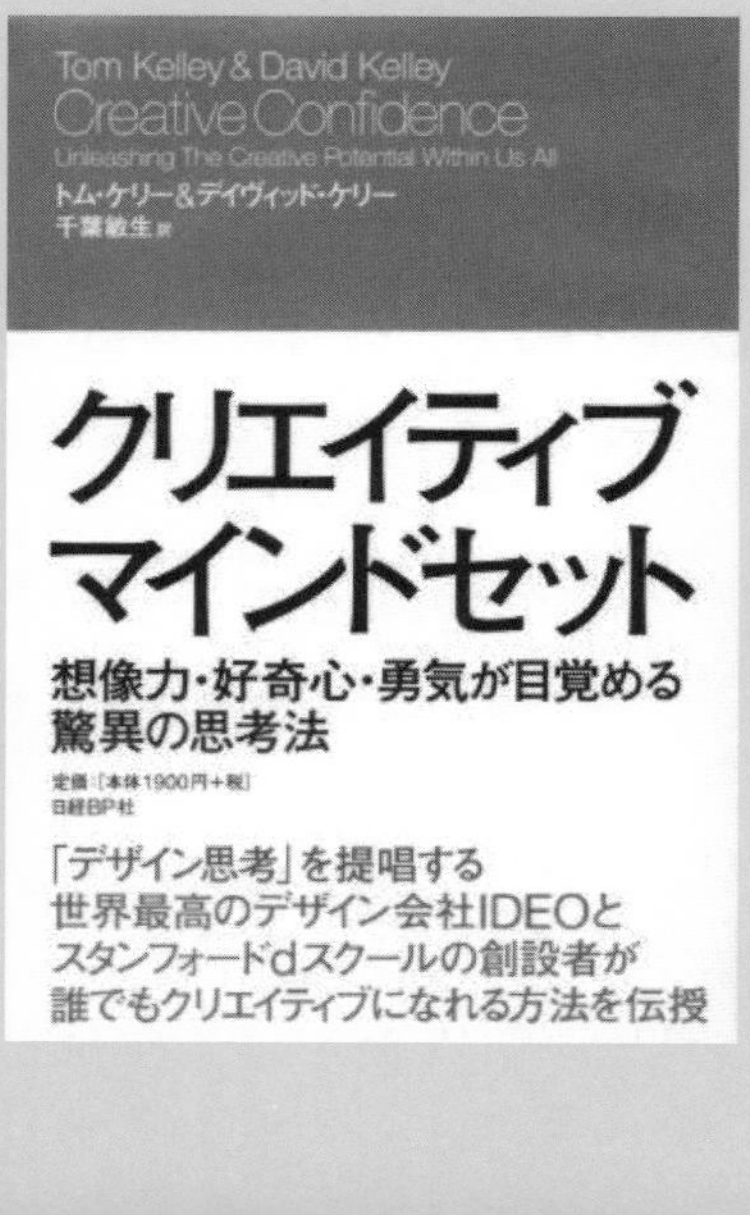
Tom Kelley & David Kelley
Creative Confidence
Unleashing The Creative Potential Within Us All
トム・ケリー&デイヴィッド・ケリー
千葉敏生 訳
クリエイティブ
マインドセット
想像力・好奇心・勇気が目覚める
驚異の思考法
日経BP社
「デザイン思考」を提唱する
世界最高のデザイン会社IDEOと
スタンフォードdスクールの創設者が
誰でもクリエイティブになれる方法を伝授

創造性は後天的に身につけることができる

本書も、英語版のタイトルとともに紹介したい本の1つです。もともとの英語版のタイトルは「クリエイティブ・コンフィデンス（Creative Confidence）」です。直訳すると創造性の自信といった意味です。恐らく「コンフィデンス」という英語が、日本ではそれほど馴染みがないので、近い意味のマインドセットという英語がタイトルとして採用されたのではないかと思います。

「コンフィデンス」は、創造性を信じる力と理解するとわかりやすいかもしれません。本書の主張は、誰もが創造性を発揮することができるという一言に尽きます。創造性というのは先天的なものではなく、自分が持つ創造性を意識して、自信を持つことによって、後天的に誰もが発揮できる力なのであるというメッセージです。

私もこのメッセージにとても共感します。創造性は一部の専門家だけのものではありません。多くの人が創造性を発揮することによって自発的・自立的に動き、あるべき未来を自らの力で作っていくことができると信じているからです。これはこの本を書く大きな動機の1つでもあります。そういう観点では、本書『クリエイティブ・マインドセット』と、この本は同じ志を共有していると言えます。

クリエイティブ・コンフィデンス、つまり創造性に対して自信を持つことができると、どのようなよいことがあるのでしょうか。本書はこの点についても明確です。

クリエイティブ・コンフィデンスを持つことで、不確実な状況を受け入れ、行動に移すことができるようになります。創造的であるということは、現状を仕方ないと諦めたり、他人から言われたことに従うのではなく、自分の考えを持ち、既存のやり方に疑問を投げかけられるということなのです。

これはこの本でも繰り返し紹介してきたデザインの考え方そのものでもあります。言い換えれば自分の人生を自分で考えて、自分で決めて、行動しながらその世界を実現していく力とも言えます。

不確実で先の見えない時代において、これまで信じられてきた道は、今後もその評価のままとは言えません。人生においても同様です。誰かが決めたよいとされる道を辿るのではなく、自分で判断した道を進むことが、人生の満足度にもつながります。創造性とは、ビジネスにおいて役に立つ、仕事がうまくいくといった側面だけではなく、不確実で先の見えない時代における人生の伴侶となる能力なのです。

どんな仕事でもクリエイティブ・コンフィデンスを発揮できる

本書の序章では、デザイナーやクリエイターといった職業についていたわけではない人々がクリエイティブ・コンフィデンスを身につけることによって、新しいアプローチや解決策を生み出していった事例が紹介されています。

元オリンピック選手で、その後航空業界に入った女性は、自社の危機管理問題に取り組み、イノベーティブな解決策を生み出しました。彼女が取り組んだのは、悪天候などで航空便の運行に支障が出た時にどのように復旧するかという問題です。彼女は、様々な関係者を巻き込んで、アイデアを出し、問題解決にあたりました。その結果、通常運行への復旧時間を劇的に短縮する解決策を生み出すことに成功しました。

彼女はデザイナーやクリエイターといった職能ではありませんでしたが、この本でも紹介してきたような、仲間との共感から始め、多角的にものごとを検討し、粘り強く問題に向き合うという創造性を発揮することで、大きな成果を出すことができたのです。

別の例では、ある行政官がワシントンD．C．で草の根のイノベーション運動を始め、大きな活動に発展させていったことが紹介されています。彼女もデザイナーやクリエイターというわけではありませんでしたが、多くのメンバーを集め、ワークショップなどを通じて組織の変革を進めていきました。その結果、リーダーや起業家たちを巻き込む大きな活動に発展していったのです。公務員としては異例の活動かもしれませんが、彼女の信じたことを行動に移すというクリエイティブ・コンフィデンスが大きな成果に結びついたのです。

40年ものキャリアを持つ小学校教師の事例も興味深いです。この教師は生徒がものごとを批判的に考えられる独自のカリキュラムを考え出しました。これまでの自分の経験から一歩踏み出し、新しい時代に即した教育を一から考えようと行動したのです。その結果、生徒のテストの成績が向上するだけでなく、子供の関心や探求心の向上にもつながる試みとなりました。

このように、クリエイティブ・コンフィデンスを持って自分ならではの仕事をつくっていくには、デザイナーになったり、シリコンバレーに引っ越したりする必要はありません。大切なのはこれまでとは異なる視点を持ち、勇気を持って実行することなのです。今向き合っていることの中にもクリエイティブ・コンフィデンスを持つことで、新しい挑戦につながることが多く存在するはずです。

クリエイティブな力を伸ばすための8つの行動

さて、どうすればクリエイティブな力を伸ばすことができるのでしょうか？　本書の中ではクリエイティブな力を伸ばすために、日頃から心がけるとよい8つの行動について紹介されています。

1つ目は「クリエイティブになると決意する」です。これはとても興味深いポイントです。人は自然とクリエイティブになっていくのではなく、クリエイティブになるために、自分はクリエイティブになるのだという決意がまず必要だということです。創造性は自分で考えることから始まります。自分で考える意志をまずしっかり持つということが大切なのです。

2つ目は「旅行者のように考える」です。これはこの本で紹介してきたフィールドワークや複眼思考とも共通します。どんなに慣れたものでも、外国を訪れる旅行者のように新しい視点で見てみるということです。

3つ目は「『リラックスした注意』を払う」という点です。ひらめきはリラックスした気持ちの時に起きやすいものです。気持ちがリラックスしていると、一見無関係なアイデア同士に新しい接点を見つけることができます。この本で扱ってきた統合・シンセシスです。

4つ目は「エンドユーザーに共感する」という点です。相手のニーズや状況を深く理解することで、イノベーティブなアイデアを思いつきやすくなります。これはまさにこの本の共感・エンパシーで述べてきたことと共通しています。

5つ目は「現場に行って観察する」という点です。人類学者になったつもりで人々を観察し、新しいチャンスに気がつくようになるという行動です。これも共感・エンパシーと共通します。

6つ目は「『なぜ』で始まる質問をする」という点です。なぜを繰り返すことで、表面的なところから問題の核心へ迫ることができます。YesかNoで終わってしまう質問ではなく、その背景にある要因を引き出す「なぜ」の質問が、ものごとの本質を探るためには有効です。

7つ目は「問題の枠組みを捉え直す」という点です。批判的な視点でものごとを見ることによって、問題の枠組みを捉え直し、問題の本質にたどり着くきっかけとなります。

最後の8つ目は「心を許せる仲間のネットワークを築く」という点です。一緒にアイデアをぶつけ合うことができる仲間がいた方が、創造性を発揮しやすくなります。この本でもチームワークの重要性については度々述べてきました。

これらの項目は、この本で紹介してきたデザインの方法論と非常に近い考え方です。こうしたことを日常的に意識し、小さなことでもいいので行動に移すことが、クリエイティブ・コンフィデンスを獲得する第一歩となります。

6-3

デザインモード

『Design, When Everybody Designs: An Introduction to Design for Social Innovation』

Ezio Manzini著
The MIT Press、2015年

誰もがデザインする時代のデザインとは？

誰もがデザインをする時代のデザインという意味深いタイトルのこの書籍は、社会におけるデザインの可能性を考える上で重要な書籍の1つです。この書籍もまた日本語化される機会を逸してしまっています。

著者のエッィオ・マンズィーニは、イタリアのミラノ工科大学において長くデザインの研究、中でもソーシャルイノベーションの研究に従事した、世界を代表するデザイン研究者の1人です。

マンズィーニは、デザインを理論的に検討するだけではなく、自ら立ち上げたDESISラボという研究機関を通じて、ソーシャルイノベーションの実践をイタリアを始め世界各地で行っています。DESISラボはミラノに本拠地がありますが、ニューヨークにあるパーソンズ美術大学にも拠点があり、マンズィーニと連携する研究者がニューヨークを中心とした活動に携わっています。

実は本書には『日々の政治 ソーシャルイノベーションをもたらすデザイン文化』という姉妹書とも言える書籍が存在します。(1) 本書が、デザイン研究者の視点で、理論的なフレームワークとともに書かれたものであるとすると、『日々の政治』は実践者の視点で書かれたものです。幸い『日々の政治』は日本語に翻訳されています。マンズィーニのソーシャルイノベーションの考え方の全体像に触れるには本書が最適ですが、日本語で読めるという観点では『日々の政治』を最初に手に取ってみるのもよいでしょう。

本書と『日々の政治』において、マンズィーニが繰り返しいろいろな角度から光を当てているのが、デザインの能力がデザインの専門家の範囲を越えて、一般市民にまで広がった先にある世界のあり方についてです。マンズィーニはデザイン能力（capability）という概念を提唱し、デザイン能力は、特別な教育を受けた専門家だけに備わるのではなく、一般の市民にも後天的に発揮できる能力であると位置づけました。

■ 専門家から一般市民に広がるデザインモード

マンズィーニは、社会のあり方を慣習モードとデザインモードという2つで考えます。慣習モードは英語ではコンベンション（convention）モードと言います。コンベンションというのはなかなか日本語にしにくい単語ですが、イノベーションやデザインを考える上ではとても重要な概念です。

コンベンションは辞書では、慣習、しきたり、慣例と言った訳語が当てはめられます。英語的なニュアンスとしては、従来から存在する凝り固まった考え方という意味合いがあります。ある意味、イノベーションとは対極にある考え方です。

マンズィーニはこうした古くからの慣習を疑うことなくそのまま受け入れる社会の姿を慣習モードという概念で表現します。そして、近代化とともに人々が自由に職業や人生を選択できるようになり、慣習モードからデザインモードへと移行していくと考えます。

デザインモードとは、人間が持つ批判的思考（critical sense）、創造性（creativity）、実践的思考（practical sense）を組み合わせた状態を指します。批判的思考とは、ものごとを観察し、受け入れるものと受け入れられないものを識別する能力、創造性とは、まだ存在しないものを想像する能力、実践的思考とは、ものごとを実現するための方法を認識する能力です。

そして、デザインモードは「今はないけれど、適切な行動を取ることによって実現するもの（something that is not there, but which could be if appropriate actions were taken）」を想像することができることとされます。さらに、これはすべての人々が潜在的に持つ能力であり、これらの能力が開花し、維持されるような社会をつくる必要があるとするのです。

（1）エツィオ・マンズィーニ著、安西洋之、八重樫文訳『日々の政治 ソーシャルイノベーションをもたらすデザイン文化』ビー・エヌ・エヌ、2020年

Design mode map

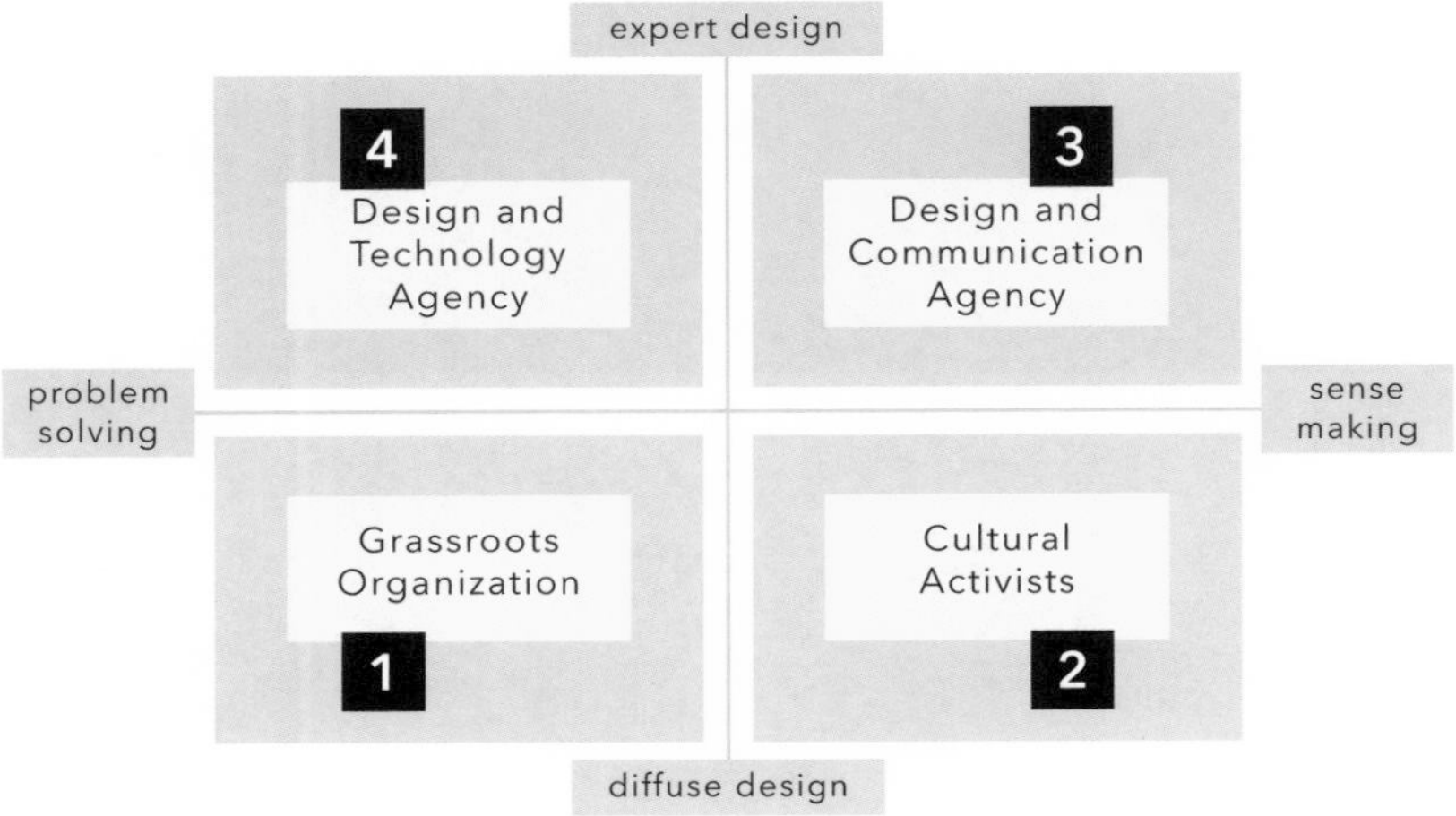

Ezio Manzini『Design, When Everybody Designs: An Introduction to Design for Social Innovation』p.40

デザインモードにおけるデザインのあり方を詳細に記述したのが、デザインモードマップです。2軸4象限で整理されたこのマップは、本書のハイライトの1つでもあります。

2軸4象限のマップの構成は、上下の軸が、専門家によるデザイン（expert design）と普及したデザイン（diffuse design）という軸です。前述のようにマンズィーニは、デザインが限られた専門家だけでなく、より広い人々に活用される姿を思い描いています。このマップにもこうした思いが反映されています。

左右の軸は、問題解決（problem solving）と意味の生成（sense making）という軸です。デザインは長く顕在化された問題を解決するための方法として捉えられてきました。それに対して近年では、特定の問題というよりは、ものごとの可能性を意味や意義という観点で創出していく、意味の生成・センスメイキングの役割も注目されるようになっています。この本で紹介したベルガンティの「意味のイノベーション」はまさにこの意味の生成・センスメイキングに当たるデザインの1つです。

同じデザインモードの空間の中にも複数のデザインのあり方が想定されていることが、このデザインモードマップの特徴です。専門家によるデザインでは、まさにこの象限の4から3への変化が起こっています。古典的な問題解決としてのデザインから、センスメイキングへのデザインへの転換です。

このデザインモードマップは、さらにその先の世界も示しています。それは専門家以外に普及した領域における、センスメイキングのデザインの象限の領域です。マンズィーニはこの象限に対して、カルチュラル・アクティビスト（文化活動家）という名称を与えています。

これがまさに一般市民にまでデザイン能力が拡張し普及した先にある、デザインの新しい姿なのです。デザイン能力を発揮した人々は、自ら考え、構想し、行動することによって、これまでにない新しい社会の姿をつくり出していく、そんな姿が想定されています。マンズィーニは、こうした人々がデザイン能力を発揮する状態を、デザイン文化がある社会と捉えています。

■ それぞれがライフプロジェクトを実践する社会

本書と『日々の政治』では、ライフプロジェクトという概念が提唱されています。人々が批判性と創造性と実践性を組み合わせて、まだないものを想像し実現していくデザインモードの世界において、人々は人生のあり方を自分でつくることができるようになります。人々の活動がプロジェクトになり、プロジェクトの積み重ねが、新しい社会の姿になっていくという考え方です。

慣習モードでは、職業も人生もこれまでのやり方を踏襲していればよかったものが、デザインモードの世界では、自らの選択と実践が問われるということです。デザインモードマップで見たように、デザインは専門家だけではなく、より広い範囲の人々に開放され、問題解決型からセンスメイキング型までその活動は広がっています。人々はそれぞれの方法でデザイン能力を発揮し、ライフプロジェクトを遂行していくのです。

マンズィーニは、プロジェクトを実践するにあたって、小さくローカルで始めることの重要性を指摘します。相互につながった現代社会では、大きな制度的枠組みにアプローチするよりも、小さな目に見える範囲で実践されたことが、より大きなインパクトにつながることに注目します。マンズィーニは、このアプローチをＳＬＯＣ（Small, Local, Open, Connected＝小さくローカルかつオープンでつながっている）シナリオと定義します。

プロジェクトの実践が、小さなローカルで始まって、グローバルなインパクトにつながっていくことは、ビジネスのあり方にも大きな影響を与える可能性があります。

本書では、イタリアで始まった地域の伝統的な食文化を見直すムーブメントである、スローフードの例が何度か紹介されています。スローフードは、カルロ・ペトリーニによってイタリアというローカルで提唱され、小さく実践が始まった取り組みでした。その後この動きは食のアクティビズムとして世界に広がり、世界の食のシステムとビジネスに大きな影響を与えました。

ペトリーニは、狭義のデザインの専門家ではありませんでしたが、マンズィーニの言うカルチュラル・アクティビストとしてデザイン能力を発揮し、多くの人を巻き込みながらムーブメントを拡大し、世界の食のあり方を変えていきました。まさにＳＬＯＣシナリオを体現した活動だったのです。

6-4

自立共生

『コンヴィヴィアリティのための道具』

イヴァン・イリイチ著、渡辺京二、渡辺梨佐訳
筑摩書房、2015年

自立的な個が相互につながる世界

本書『コンヴィヴィアリティのための道具』を初めて手に取ったのは、1990年代半ばのインターネット黎明期のことでした。当時のインターネットはWEBの原型は存在したものの、まだ商業化には程遠く、市民が平等に情報を入手し発信できる民主主義的なプラットフォームとしての可能性が、積極的に議論されていました。

それまで権威的、制度的な回路しかなかったメディアや情報の世界に対して、インターネットによって、個人が情報を収集・発信して相互につながることの期待が高まっていたのです。そんな中で1970年代に本書が提唱したコンヴィヴィアリティの考え方が、再評価されていました。

本書が提唱するコンビビリアリティという概念は、「自立共生」という言葉に翻訳されています。自立的で創造的な個が相互につながり、能動的に働きかける世界を示しています。まさにインターネット黎明期に、人々が共通点を見出したのはこの点でした。

名詞ではコンヴィヴィアリティ（conviviality）、形容詞ではコンヴィヴィアル（convivial）と言います。一緒にという意味の「con」と、生きるという意味の「vivere」というラテン語が語源です。ともに、生き生きと、楽しくといったニュアンスがあります。こうした背景から、辞書によっては饗宴や懇親といった意味が紹介されている場合もあります。

本書の著者であるイヴァン・イリイチは、1920年代にオーストリアのウィーンに生まれた哲学者です。カトリックの神父として1950年代に南米に拠点を移すと、西洋文明に対して批判的な言説を発信しました。今で言うグローバルサウスの世界から、西洋中心主義や産業主義の弊害を指摘し続けたのです。

イリイチが、コンヴィヴィアリティの概念を提唱した背景にあるのは、社会の産業主義化によって人間の自立性が失われてしまったことに対する批判です。産業化によって一見豊かになった社会では、多くの品物やサービスを購入し利用できます。しかし、個人はそれらの生産に立ち会うこともなければ、どこから来ているかすら知ることはありません。

産業化された社会では、自立的な関わりを阻害され、単なる消費者となってしまうのです。産業化によって人々が受動的な受け手になってしまうことで、個人が主体性と自発性を発揮して生き生きと生きる機会を失ってしまうのです。

イリイチは、学校や病院という近代社会における制度も批判の対象とします。学びが、学校という形で制度化されることの弊害を指摘します。教育が商品化されると、教育を受けられる人とそうではない人とで経済格差が生まれてしまいます。また、どこまでの学校に進んだかによって、人々の知識水準を定義してしまいかねなくなります。

制度の弊害はそれだけではありません。制度化された学校の中で教育を受けることで、制度に従順になってしまい、制度そのものの問題を指摘することが難しくなってしまいます。人々は制度的な教育の中で、より受動的な消費者として、隷属的な立場に陥ってしまうのです。

自立的な個のための道具

イリイチが理想とするのは、近代化、産業化によって失われてしまった、制度に依存したり影響を受けない自立的な個の姿です。そのために鍵となるのが、書籍のタイトルにもなっている道具という概念です。イリイチは「自立共生的な社会は、他者から操作されることの最も少ない道具によって、すべての成員に最大限に自立的な行動を許すように構想されるべきだ」と述べています。

イリイチが言う道具とは、物理的な存在あるものだけではなく、教育や健康、知識、意思決定といったかたちを持たない概念も含めたものです。個人が能動的に道具を使いこなしているか、受動的に道具に使われているだけなのか、道具は個人と社会の関係性を示す概念だと考えます。

個人が主体性をもって道具を使いこなすことで、世界に対して意味付けすることができるのです。自立共生的な道具は、それらを使いこなす個人が、創造力を発揮し環境を豊かにすることができる機会を与えるものだとしています。

インターネット黎明期に本書が再び注目されていたのは、まさにこうした文脈でした。インターネットは、個人の創造性を開放し、自立的な存在となり、個同士のつながりを生み出す全く新しいツールとして注目されていたのです。まさにイリイチが思い描いた、コンヴィヴィアリティのための道具そのもののイメージだったのです。

インターネットの世界は、こうしたＷＥＢ１・０時代とも言われる黎明期の時代を経て、次第に商業化、中央集権化が進み、巨大ＩＴ企業が大きな影響力を持つＷＥＢ２・０時代に変化しました。その過程で、コンヴィヴィアリティのための道具としてのインターネットへの期待も薄らいでしまいました。

しかし、世界は再び自立化、分散化へとその振り子を戻そうとしています。インターネットの世界では、ブロックチェーンに代表される自律分散技術の台頭や、巨大ＩＴ企業のデータ覇権への批判などによって、個の存在を重視する議論が進んでいます。いわゆるＷｅｂ３の議論です。

コンヴィヴィアリティとデザイン

デザインの世界でも、制度的なものから自立した個へと議論の軸が移ってきています。現代的なデザインは、社会の産業化・工業化とともに発展しました。大量生産される工業製品をより機能的で使いやすくすることに貢献したのが、工業デザインです。増加する都市人口に対応するため、住宅やビルなどに意匠や構造の面で貢献したのが、建築デザインです。これらは企業や行政などの大きなプロジェクトを、機能面、効率面で支えるデザインだったと言えます。

一方で、地域に分散した小さな組織や個によるデザインの議論も活性化しています。『Design, When Everybody Designs』のところで紹介したエツィオ・マンズィーニの4象限の図で言えば、普及するデザインの世界です。専門家ではないデザイン人材が個の力を発揮して、様々な関係者に関わり合いながら、活動家として社会に変化をもたらす姿が描かれていました。

こうした文脈において、デザインの世界でも、イリイチが遺したコンヴィヴィアリティの概念が再び注目されています。イリイチがわれわれに遺したのは、産業化が進んだ現代において、人間性を回復させるコンヴィヴィアリティのための道具とはどのようなものか、それぞれ考えてみて欲しいという問いかけです。

中央集権的な制度が人間の自立性を阻害し、結果として生き生きとした生き方が失われているというイリイチの問題意識は、現代の多くの人が共感するところではないでしょうか。イリイチがわれわれに問いかけるのは、そんな状況を覆すためには、どのような創造性を発揮すればよいかということです。

問いの前提はとても複雑で、いろいろな要素が絡み合っています。同時にそれはとてもデザイン的な問いだと言えます。この本で提示している、複雑さに向き合うデザインの方法論を使って、われわれ一人ひとりが、多様な関係者と協調して、その問いに対する答えを模索していくということがあるべき未来につながります。これはまさにイリイチが期待している、自立共生の世界そのものなのかもしれません。個が創造性の力を備えて、相互につながり協調しながら、新しい世界を自らつくっていく。コンヴィヴィアルな世界は、そんな活動の積み重ねによって生まれるのです。

6-5

自分の仕事

『自分の仕事をつくる』

西村佳哲著
筑摩書房、2009年

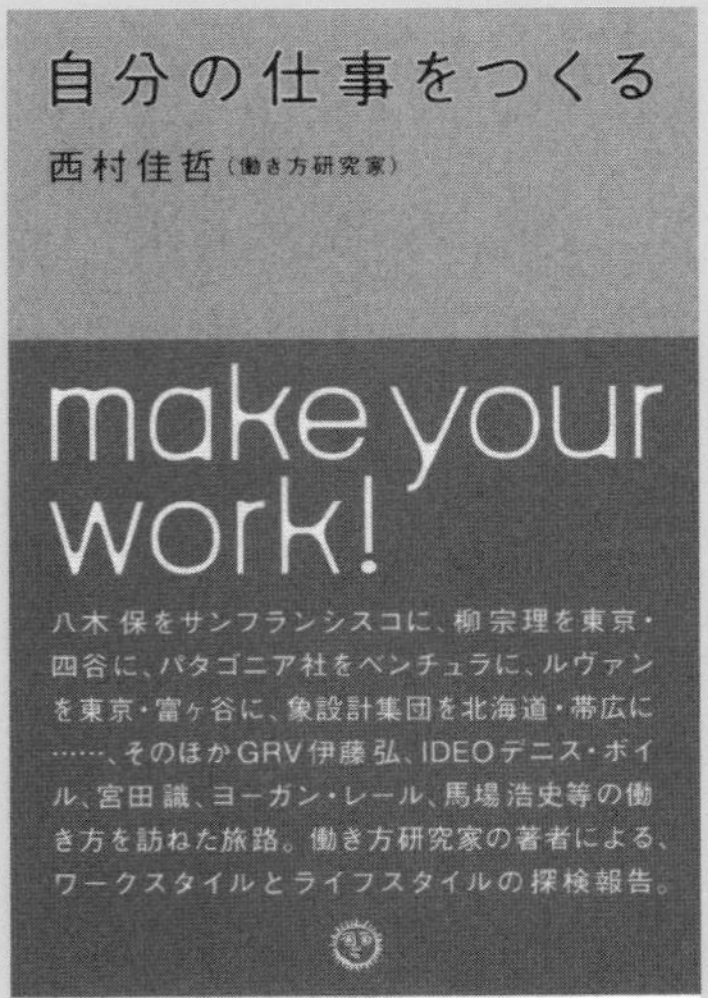

他人事の仕事と自分ごとの仕事

長く仕事をする中で気づいたのは、世の中には2つのタイプの仕事があるということです。1つはどこか他人事《ひとごと》のような仕事、もう1つは自分ごとの仕事です。

他人事の仕事は、やらされている感があり情熱も伴うことがない仕事のやり方です。従来通りのことを淡々とこなすにはいいかもしれませんが、新しいことに取り組むためには不向きです。一方、自分ごとの仕事は、自分の手で仕事をつくっている感覚があり、情熱も継続する仕事のやり方です。主体性を伴った仕事のやり方は、多少の困難に直面しても乗り切る力があり、イノベーションの現場に必要不可欠です。

どうしたら仕事をもっと自分ごとにできるのだろう、自分らしい仕事をつくるためにはどうすればよいのだろうという問いは、多くのビジネスパーソンが日々感じていることではないでしょうか。本書は、そんな問いに対する手がかりを、世界中で素晴らしい仕事をしている人々へのインタビューを通じて明らかにしていきます。

本書のインタビューの対象でもあるデザインやクリエイティブの仕事の現場には、自分らしい仕事のあり方を問い続ける文化があります。これはデザインが、主体性があり能動的な働きかけの態度を持っているからだと思います。本書では、デザインの仕事から、自分ごととしての仕事のあり方を学ぶことができます。

著者の西村佳哲は、プランニングディレクターとして、つくる・書く・教える仕事に携わっています。西村自身も、建築設計の仕事を経て自分の仕事を始めるにあたり、よい仕事とは何だろうという問いを持つようになりました。そこで、よいものをつくるということと、働き方のつながりに注目し、この書籍に収録されているインタビューが実現しました。

インタビューの多くは1990年代後半に実施されており、今から20年以上前のものになります。しかし、その内容は今でも古びることなく、よい仕事の本質は不変であることがよくわかります。この書籍は、自分らしい仕事をつくりたいという人の思いに応え、長く読み続けられている名著の1つです。

■よい仕事を追求する珠玉のインタビュー

インタビューは、よい仕事を日々追い求めるデザインの当事者に対して行われました。本書では、著者とインタビュー相手の対話の様子が再現されています。そのやり取りはとてもリアリティがあり、本を読んでいる自分の目の前に二人がいるような気にすらなります。このような形で、自分らしい仕事の当事者の話を間近に聞くような体験を与えてくれる醍醐味も、本書の魅力の1つです。

デザインの本質はよいものをつくることです。よいものをつくる背景に、自分らしい仕事があります。自分らしい仕事はどのように生まれるのか、珠玉のインタビューの中からいくつか印象的なものを紹介しましょう。この本を書くにあたって、久しぶりにそれぞれのインタビューに目を通しましたが、この本を通じて伝えたいデザインの本質が、本書のインタビューにおいても現れていることに気づかされます。よい仕事の背景にデザインらしい考え方や方法論があり、それらは20年経った今も変わらないということも、本書から学べることです。

最初に紹介するのは、サンフランシスコを拠点に活動する日本人デザイナーの八木保さんです。八木さんとの対話を手掛かりにしながら、本書ではつくる力を支える観察力に焦点を当てています。観察の精度が上がると、イメージの制度も向上し、それがアウトプットの質につながるという考え方です。

日本のモダンデザインの先駆者の1人である、柳宗理さんとの対談も収録されています。柳さんとは、図面やスケッチよりも実際に手を動かしてものをつくることの大切さについて話をしています。柳さんとの対話の中では、デザインが持つ人を幸せにするという本来の目的を離れて、デザインすること自体を目的にすることの危険性についても述べられています。

当時まだ日本ではそれほど知られていなかったIDEOのオフィスにも訪問しています。IDEOのプロダクトデザイナー、デニス・ボイルさんとの対話の中では、失敗を重ねて試行錯誤することの重要性について語っています。失敗はプロジェクトのできるだけ早いタイミングで経験することが大切です。初期の失敗を足がかりにして、まだ見えていない可能性に気づくことができるからです。

これらの対話の中から見える観察、手を動かすこと、目的を起点にすること、失敗を重ねることといったことは、この本で扱っているテーマとも共通性があります。改めて本書を手に取ると、20年以上前のインタビューにも、デザインの知の本質を見出すことに驚かされます。それほどまでに、デザインの知には普遍性があるということなのです。

どんな仕事でも「自分の仕事」にすることができる

西村は一連のインタビューを通じて、対話の相手がどんな仕事でも「自分の仕事」にしていたことに気がつきます。どんな仕事でも、自分自身の仕事として取り組み、決して他人事にすることがない姿勢です。一方で、企業ではまるで自分ごとではないかのように、愚痴をいいながら仕事をしている人が多いことにも気がつきます。

そして、日本の企業組織では自分たちの仕事を過小評価し、外からの意見を過大評価することの問題点を指摘します。インタビューにおける対話相手の多くが、どんなに小さく見える仕事でも、自分の仕事として取り組み、意味を見出していたことと対照的に見えたのです。

本書の出版から20年程の月日が過ぎた現在、このことは日本の組織でどれだけ改善されたでしょうか。一部の伝統的組織では、まだまだ他人事の仕事が多いかもしれません。一方で、新しい組織やスタートアップ企業などを中心に、仕事に当事者意識を持つ人で構成されている組織も増えています。

20年の間の大きな変化は、人口増加は止まり、このままの状態では今の豊かさを維持していくことは難しいという段階に、日本社会が差し掛かっているということです。より、新しい取り組みやイノベーションが求められる中で、本書が提示する自分の仕事をつくるという姿勢の大切さが再評価されるべきです。組織のメンバーの一人ひとりが当事者意識を持ち、自分ごととして仕事に取り組める組織は強いのです。

本書の最後に、自分の仕事をつくるポイントは、仕事に自分を合わせるのではなく、自分の方に仕事を合わせる力にあると述べられています。そのためには、正解は1つしかないと考えるのではなく、正解は自分の中で生まれるものである、という教育が大切になるとされています。正解を自分で見つける学びの中から自己肯定感が育まれ、仕事を自分に合わせることができるのです。

この本でも、試行・プロトタイプのところで正解主義の弊害について書きました。正解主義は、イノベーションの足かせとなる社会通念の1つです。西村が指摘するように、正解主義から脱却するには、正解は自分の中で生まれるものであるという学びが鍵となります。この本の意図もここにあります。デザインの学びは、正解は自分でつくるのだという考えと行動を生み出すきっかけとなるのです。

あとがき

私がこの本を通じて皆さんにお伝えしたかったのは、複雑で先の見えない状況において、デザインの方法論は、自らの手で望ましい未来をつくることができる道具であるということです。そして、デザインの能力は決して一部の人のためのものではなく、意識をすればどんな人でも発揮できるものであるということも強調したい点です。多くの人がデザインの方法論を使って、当事者として世界に向き合い、新たな意味や意義を見出していったら、世界はもっとよいものになるのではないかという想いもあります。

この本を書きながら、この本はどのように読まれるといいのだろうということを考えていました。書き終えて感じるのは、この本が皆さんが創造的な仕事をしていくための、学びのきっかけになればいいなということです。

この本で何度か触れてきたように、デザインとは自発的な行動の連続によって、あるべき世界を自らつくるという方法論です。冒頭でデザイン筋トレ論というものを紹介しました。デザインは筋トレのように意識することで、誰でも発揮できる人間に共通の能力だという考え方です。

デザインの学びの場である美術大学に来てみて思うのは、デザインや創造性を学ぶ場所が本当に限られているということです。残念ながら日本の教育では、この本で紹介してきたような、広義のデザインの世界に触れる機会はまだまだ少ないのです。

本書は、デザインの学びに関心を持った人々に、書籍の紹介を通じて、その学びの世界への第一歩を踏み出してもらうためのゲートウェイになれるといいのではないかと思っています。

ここで紹介した本を選んで読んでみることはもちろん、この本を通じて知った言葉や概念、考え方をインターネットで検索してみたり、関連する動画を見てみることから始めてもいいと思います。

一人で学ぶだけではなく、友達や同僚と一緒に学ぶことも効果的です。この本で紹介した書籍を題材に読書会をして感想を言い合ったり、自分たちの組織にどのように活用することができるのかということを話してみるのもいいでしょう。

大切なことは本を読んだり、情報を見ることだけではなく、そこから次の一歩を皆さん独自の形で踏み出してみるということです。デザインの学びは、既存の固定観念を批判的に捉え、楽しくポジティブに、自分たちがいいと思う未来を自分たちの手でつくれるということを教えてくれます。

ぜひ、この本をきっかけに、新しい世界への第一歩を進んで欲しいと思います。

2023年8月　岩嵜博論

［著者略歴］

岩嵜博論（いわさき・ひろのり）

武蔵野美術大学 クリエイティブイノベーション学科 教授
ビジネスデザイナー

リベラルアーツと建築・都市デザインを学んだ後、博報堂においてマーケティング、ブランディング、イノベーション、事業開発、投資などに従事。2021年より武蔵野美術大学クリエイティブイノベーション学科に着任し、ストラテジックデザイン、ビジネスデザインを専門として研究・教育活動に従事しながら、ビジネスデザイナーとしての実務を行っている。ビジネス×デザインのハイブリッドバックグラウンド。著書に『機会発見——生活者起点で市場をつくる』（英治出版）、共著に『パーパス「意義化」する経済とその先』（NewsPicksパブリッシング）など。イリノイ工科大学Institute of Design修士課程修了、京都大学経営管理大学院博士後期課程修了、博士（経営科学）。

デザインとビジネス
創造性を仕事に活かすためのブックガイド

2023年8月25日　1版1刷

著　者	岩嵜博論　©Hironori Iwasaki,2023
発行者	國分正哉
発　行	株式会社日経BP 日本経済新聞出版
発　売	株式会社日経BPマーケティング 〒105-8308 東京都港区虎ノ門4-3-12
ブックデザイン	沢田幸平（happeace）
本文DTP	朝日メディアインターナショナル
印刷・製本	三松堂

ISBN 978-4-296-11703-1
Printed in Japan